スピリチュアル 護身ブック

江原啓之

まえがき

「決別」こそ、幸福を招く最強の護身法

あなたはなぜこの本に惹かれましたか？　なんとなく手にしたと思うかもしれませんが、決して偶然ではありません。今、あなたの心が救いを求めているから、必然としてこの本に出会ったのです。

天変地異、犯罪から日常のこまごましたことにいたるまで、現代に生きる私たちは悩みや不安がつきません。ニュースを見れば、暗い気分になるような話題ばかり。生きづらい世の中で「自分のこと」に精一杯の人が多いせいか、人間関係が殺伐としたものになってきていると感じる人も少なくないと思います。これでは、穏やかな気持ちで日々を過ごすことは容易ではないでしょう。数えきれないほどの厄災と隣り合わせと言っても、過言ではありません。

「なんとかして自分の身を護りたい」、そう思うのは当然かもしれません。多くの人は身を護るために、〝何か〟にすがろうとしたり、〝誰か〟に頼りたいと思ってしまいがち。けれども、それはただの依存です。私たちは悩みや不安から身を護るための術を、自ら身につけるべきなのです。

悩みの原因となっているのは、ほとんどが人間関係だと思います。職場や学校、家庭などで、嫌な人との付き合いに頭を悩ませている人が多いのではないでしょうか。

私たちのたましいは、人間関係の悩みからさまざまな学びを得ます。たとえば、出会いひとつとっても、たましいの成長に必要だから出会うのです。

好きな人も嫌いな人も、出会いは宿命。でも、出会った後でどのような関係を築くのかは運命です。つまり、嫌いな人とどう付き合っていくかも、あなた次第なのです。

「どんな出会いも宿命で学びだったら、嫌でも我慢し続けるべきじゃないんですか?」という声が聞こえてくるようです。でも、それは間違ったとらえ方です。もちろん、嫌な人との間に起こったトラブルだって、たましいの学びのために必要なレッスンのひとつです。

あなたが語学やダンスなどを学ぶために、スクールに通っているとしたら、きっと上手になるまで、レッスンを繰り返し受けることでしょう。けれども、レッスンの成果が得られたら、あなたは次なる道を選択しなければなりません。さらに上のクラスを選択するか、それともスクールを卒業するのか。

これと同じようなもので、嫌な人との付き合いにおいても〝選択〟をするべきです。たとえどんなに嫌な人でも、その出会いは自らの波長が招いたものであり、己の未熟さを見つめる鏡でもあります。「面倒だから」とすぐに切り捨てるのではなく、そこから学びを得て、自らを改めることも必要なのです。

そのうえで、もはや自分にとって幸せではないと思う〝縁〟になってしまっているのならば、精一杯向き合ったうえで卒業してもいい。自ら選び取ることこそが、ひいては護身となるのです。
悩みの元と決別し、自分自身で自らの身を護ること。それは未来を切り拓くカギであり、幸せを築くための第一歩なのです。

江原啓之

スピリチュアル護身ブック　目次

第2章 仕事での護身

第3章 家族からの護身

第4章 恋愛での護身

第5章 因縁や悪運からの護身

第1章

迷惑な人からの護身

迷惑な人からの護身
01

人から呪われている気がする

護身法

呪われていると不安に思う気持ちや心の乱れと決別する

なぜか悪寒がする。このところ悪いことばかりが続く。そんなとき、「誰かに呪われているんじゃないか」と気になるかもしれません。実際、「丑《うし》の刻参り」や「呪いの藁人形」など、呪術的な方法を使って呪われ、不幸を望まれていることもあります。

私も過去のカウンセリングで同様の相談を受けたことがありました。なんでも、呪いの神社として有名な神社があり、そこへ仲違いした知人が行っていると聞いたのが、疑念を持ったきっかけだったそうです。ちょうどその頃、不幸が重なり、体調も悪かったこともあって、「その人に呪いをかけられているんじゃないか」と気になったのだとか。このケースでは、私が霊視したところ「呪い」が原因ではありませんでしたが実際に、呪いの念を向けられて精神的に不安定になって体調を崩してしまうことはありえます。それほど、人の想いの力は強烈なのです。

人に呪われていると感じたときの一番のお祓いは、「心の乱れ」との決別です。「呪われているんじゃないか」と過度に心配するのが一番よくありません。心配すればするほど、かえってネガティブな波長になり、実際には呪われていないのに、自らの低い波長によってトラブルを呼び寄せてしまうのです。「心配」という字が示すように、心を配った方向に現実は運ばれていきます。

「呪われている」と思うことがあっても、動じないこと。言葉は悪いかもしれませんが、「呪うんだったら、呪ってみなさい！」と言えるくらいの強さが必要です。ビクビクして不安に思っていると、自らの感情をコントロールするのが難しくなり、その結果、不安定な気持ちが続いて、日常生活に支障をきたしてしまうこともあります。

冷静になりましょう。あなたを呪おうとするような人と出会ったのも、あなたの波長。自分にもどこか付け入られるような弱さがあった。そう分析したうえで、負の感情を手放しましょう。**間違っても「呪い返そう」などと思わない**こと。呪いで返したら、今度はあなたにその念が戻ってきます。人を呪わなくてはならない、相手の哀れさを気の毒だと思う。そのくらいの心持ちになることが最大の護身法です。

心の乱れと決別するためにも、相手の幸せを祈ってください。そうすれば、呪いの念は「暖簾《のれん》に腕押し」。**呪いという〝小我〟に対して、相手の幸せを祈るという〝大我〟で向き合う**ことで、呪いの念を跳ね返し、影響を受けなくてすむようになります。

迷惑な人からの護身

02

誰かに祈られている

護身法

たとえ幸せを願うポジティブな〝祈り〟でも足かせになるようなネガティブな念なら、潔く決別を

呪われているケースとは真逆に思えるかもしれませんが、「誰かに祈られている」というのも、行きすぎると重い念になってしまいます。人の幸せを祈るというポジティブな思いでも、それが、相手の自由を束縛するような強力な念になってしまうと、人の足を引っ張ってしまうこともあるのです。そのような場合は〝祈り〟から身を護ることも必要です。

たとえば、親が「うちの子がいい条件の人と結婚できますように」と祈っていた場合、子どもは無意識のうちに親の念を感じ取り、独身でいることに罪悪感を覚えてしまうケースも。親子の価値観が一致しているのなら何も問題はありませんが、子どもが「今は結婚しないで仕事を頑張りたい」と思っている場合、親の念が足かせになってしまうのです。

なぜか自分の希望する方向とは違う展開になりやすいというときは、もしかしたら、誰かがあなたのために祈っているのかもしれません。

誰かが、お宮へ祈願に行っていることがわかったら、あなたもそこに出かけて、「願とき」をしてください。親が願かけをしていたのなら、「申しわけありませんが、私は親の思う通りには生きません。別にやりたいことがあるので、自分の道を行きたいと思います」と宣言しましょう。そうすると、祈りという念の呪縛から自由になり、自分らしく人生を創造していくことができるようになります。お宮の場所がわからない場合でも、気持ちのうえで、その祈りと決別するのです。

祈りというのは呪いとは違い、そこに相手を想う愛はあります。ただ、残念ながらそれが本当に相手のためになっているのではなく、小我（自分のため）でしかない場合が多いのです。

相手が望んでいないことを祈るのは、ある意味では、呪いよりもやっかいなもの。「あなたのためを思ってのことなのに」と言われると、強く言い返せない人もいるかもしれません。それどころか、「せっかく祈ってくれているのに応えられない私が悪いのかな」なんて考えたり、罪悪感にさいなまれて「言う通りにしよう」と思う人もいるかもしれません。しかし、そうした罪悪感と決別することも、自分らしい幸せを手に入れるためには必要なのです。

祈ること自体は、悪いことではありません。健やかに暮らしてほしいというような祈りは、大我の愛からくる祈りです。けれど、そこに、物質的価値観や小我が少しでも混じると、重荷になる場合もあるということは認識しておきましょう。

迷惑な人からの護身
03

話の合わない友達

護身法

付き合うか、距離を置くか？ウジウジ悩むその〝暇な時間〟と決別

たとえば、恋人の友達や友達の友達など。あまり気が合わないけれど、付き合いを断りきれない。でも、本心では「距離を置きたい」と思っている。そんなジレンマを感じる関係をどうするべきか。——答えはとてもシンプルです。あなたのその「悩む時間」と決別をしましょう。

話が合わないと思う知り合いと、「なんとかうまく付き合おう」とするから悩むのです。自分の人生の大事な時間が惜しいと思うなら、相手にどう思われようとも誘いを断ればいいだけのこと。

それができず、「嫌われたくない」とか「いなきゃいないで寂しい」と思うのなら、我慢するのも一案です。感情ではなく、理性でほどほどに付き合えばいいのです。

仮に、友達の親友だから会わないわけにいかないといった場合も、「いつも一緒にいなきゃいけないわけじゃないんだから気にしない」と腹をくくること。それがどうしてもできないなら、第一段階として、友達に「私、あの人のこういうところが苦手なんだけど、どうにかならないかな？」と相談してみればいいのです。悶々と悩むのではなく、聞いてみる。その割り切りが必要です。

友達に相談してみたら、「そういう面もある子だけど、実はあの子もいろいろ抱えてるの…」などと、あなたには見えていなかった意外な一面を教えてくれるかもしれません。まず、相手を知ることです。そのうえで、どう付き合うかを考えても遅くはありません。

また、もともとは気の合う友達だったのに、一方が結婚して一方がキャリアウーマンとして生きているな

ど、環境がガラリと変わり「合わなくなった」友達もいるでしょう。会うたびに「いつも子どもの話ばかりでつまらない」とか「キャリア自慢ばかりで鼻につく」など、不満が噴出。そして「あの人とはもう縁を切ったほうがいいかしら」と悩む。こういう話もよく聞きますが、はっきり言ってこれも、暇だから。

人というのはみんなどこか寂しがり屋だから、学生時代のように、いつまでも仲よし感覚なのかもしれませんが、時を経れば、みなそれぞれに人間関係における登場人物のキャスティングは変わっていくものです。あなたがキャリア志向の強いタイプなら、主婦の友達の話を聞いて「へえ〜、主婦視点ではそう思うのね」と、マーケティングの一種だと思えばいい。話が合わないから即決別するなどと考えなくても、いい部分を見つけて付き合えばいいのです。

打算的だと感じるかもしれませんが、これは工夫なのです。**環境の異なる友達は、いってみれば「お好み食堂」みたいなもの。**バラエティに富んだメニューを取り揃えていたほうが、いろんな話を聞ける楽しさがある。そう潔く割り切ることも、切るに切れない人間関係から身を護るひとつの「護身法」なのです。

迷惑な人からの護身 04

うっとうしいメル友

護身法

メールだけの友達は本当の友達？ 楽をして友達を作ろうとする怠惰と横着さに決別

ここ10年くらいの間で、友達の一般的な定義はかなり変化したように思います。ＳＮＳ（ソーシャル・ネットワーキング・サービス）や掲示板、ブログなどを通じて知り合った人。つまり、顔が見えない相手も友達とカウントするようになりました。そういう人とオフ会を開いて会うこともあるでしょうが、やはりネット上やメールがメインの付き合いというケースが多いのではないでしょうか。

また、たとえ初対面でも、メールアドレスを交換するのはごく普通。その後はメールのやりとりをするけれど、一緒に出かけるわけでもない――。そんな「メル友」との関係が煩わしいと不満をもらす人も増えています。一日に何通もメールが送られてきたり、思いの丈を長文で綴られて反応に困ったり…。このような悩みを抱えている人は、とても多いようです。

「メールだけのつながりなら、メールアドレスを変えればいい」というのが簡単な対処法です。けれど、これはあくまでも方法論。一番断ち切らなくてはいけないのは、メールだけの付き合いを存続させてきた、寂しがりで横着な自分なのです。

メールだけの友達というのは、昔の感覚で言えば、バスや電車で隣り合わせた人程度の縁。会話を交わす内容もせいぜいお天気の話や世間話で、ディープな話にはまずならないでしょう。本来はそのくらいの距離感のはずなのに、メールという手軽なツールがあるせいか、なんでもかんでも悩みを打ち明けたり、自分語りをしてしまう。だから、どこかで「メル友＝なんでも話せる友達」という位置づけになって、過度に依存してしまうのかもしれません。

挙句、縁を切りたいけれど、相手にいろいろ話しすぎて、秘密を暴露されたくない…。そんな心配事にまで発展してしまうこともあるのです。冷静に考えれば、これも結局は自業自得ではないでしょうか。実際に会ってきちんとコミュニケーションをとり、時にはケンカしたりしながら少しずつ理解し合っていくという過程を省略し、楽をして〝友達〟を作った自分の怠惰さをまず反省しなくてはいけません。

メールというツールは仕事上では便利かもしれませんが、プライベートで使う場合、かえってコミュニケーション不全にさせてしまっているようにも感じます。

電話で話したり、会っていれば、声のトーンで「今日はテンションが低いのかな」「疲れているみたい」などと察することができますが、ネット上やメールでは、その温度感までは察知することが難しい。まして、基本的な会話力が育まれていない人の場合、文章にするのも苦手で、言葉が足りなくなりがち。そのため、うまく説明できなくてトラブルのもとになることなど、日常茶飯事だと思います。たとえ「絵文字」を多用したところで、人の気持ちのすべてをメールの文字だけで伝えきるのは至難の業です。

こういうことを冷静に分析もせず、「メル友との関係が負担」と思っているとしたら、あなたにも問題があることは自覚しなければなりません。

要は、横着なのです。いつでも連絡できる気軽さはメールの利点かもしれませんが、それは、相手の都合は無視していいということとイコールでは決してありません。相手の状況を想像せずに送るメールは、ある意味「迷惑メール」です。

返事が遅いだけでイライラしたり、レスをしない相手を無礼だという人もいますが、それはあなたの都合でしょう。本当に相手のことを友達として尊重しているなら、「メールの返事もできないほど忙しいのかな」と気遣ったり、次からは「このメールの返事は急がないから」とひと言添えておくなど、工夫できるはず。そういうコミュニケーションをとらないのは、結局は怠惰で横着だからなのです。

本当の友達を作るのに、楽な道はありません。メールひとつも相手を思いやって送れていないのなら、あなたが、友達だと思っている誰かから「あの人とはもう付き合いたくない」と思われても不思議ではありません。

迷惑な人からの護身
05
いじめる人

護身法
「自分は弱い」という思い込みに決別して相手に付け入る〝隙〟を与えない

無視したり、陰口を言ったり、仲間はずれにするなど、露骨にいじめてくる相手。こういう相手と縁を切りたいと思うのは当然かもしれません。大人の社会でも子どもの社会でも「いじめ問題」は年々深刻化し、いじめを苦にして命を絶つ人も多いのが実情です。実際に危害を加えられるケースだけではなく、インターネットの掲示板など、姿が見えない相手からのいじめなども含めると、いじめられた経験のない人を探すほうが難しいのではないでしょうか。

いじめられている場合、一刻も早くそこから抜け出したいと思う反面、「離れたら余計にいじめられるんじゃないか?」と不安を抱き、SOSを発することもできないまま、問題がより複雑化していくケースもあります。

いじめを受けているのが大人か子どもかによっても若干対処法は変わってきますが、ある程度自分で分別をつけることのできる年齢であれば、強い意志を持って臨むことが、いじめに負けない一番の方法。最も効果的な護身になるのは、いじめられている側がきちんと言葉で「嫌なものは嫌！」と伝えることです。「そんなことができたら、いじめられはしない。言えるはずがない」と思うかもしれませんが、何よりもまず「自分は弱い」という思い込みと決別しましょう。

実はいじめている人のほうが、幸せではないのです。「弱い犬ほどよく吠える」ということわざがありますが、まさにその通り。心の強さでは負けはしない！　と自らを鼓舞して、毅然とした態度でいればいいのです。ビクビクしていると、その気持ちがオーラにも表れ、相手に付け入る隙を与えてしまいます。絶対に気持ちのうえでは負けない！　と腹をくくると、相手も無駄な手出しはしなくなるものです。

なかには、集団から執拗に追い詰められるケースもあるでしょう。そういう卑怯な手を使ってくる場合は、相手はそれだけ未熟な人たちということ。たとえ大人数でも、屈しない気持ちを持ちましょう。相手と同じ土俵に乗らないことが、一番の護身になります。

もし、子どもがいじめられていて本人が主張できないという場合は、親が手を差し伸べたり、学校の先生など周りの大人の力を借りることも必要でしょう。転校を視野に入れることも手段のひとつだと思います。けれど、先々のことを思えば、「気持ちのうえで負けないようにしようね」と、伝えることも大事。幼いうちから、自分で身を護る術を身につけさせるようにしましょう。

迷惑な人からの護身

06 グチっぽい友達

護身法

とにかく冷静な「聞き役」に徹して、グチの垂れ流しをストップ

最近友達から聞かされるのは仕事や恋人の「グチ」ばかり。ネガティブな感情のはけ口にされて、正直疲れる。お互いにグチを聞き合っているのならまだしも、嫌な言葉を一方的に聞かされるだけになってしまうと、「こんな役目はもうこりごり。この人と付き合いたくない」と感じるのも、至極当然かもしれません。

グチを言ってくる友達が、あなたのことをまったく気にかけず感謝もせず、サンドバッグさながらに扱うのなら、「悪いけれど、グチなら聞かないから」と、最初に断りを入れてもいいでしょう。たとえ「友達甲斐がない」と言われても、一切気にしないことです。

一方、もしあなたのなかに「自分もグチを聞いてもらうこともあるし、お互い様だ」と思う気持ちがあるのなら、大事なのは、嫌々聞いていた自分自身との決

別です。相手との付き合いをやめるのではなく、なぜ自分との決別？　と思うかもしれませんが、このような場合に必要なのは、あなたという「個」を滅して、ひたすら「聞き役」に徹することです。グチを聞いていると、「いや、でもあなたにも問題点があるんじゃないの？」と友達の意見に口を挟みたくなったり、イラッとしてしまうこともあるかもしれませんが、それは、あなたが自分の感情を無にできていないから。自らの感情を一切排除し、「冷静なカウンセラー」になることを心がければいいのです。

相手の心のなかは不満やグチばかりで、とても感情的になっています。あなたまで一緒になって感情的になると、ネガティブな念が倍になるだけ。だから、あなたが相手の代わりに問題点を理性的に分析する役割を担ってあげるのです。

相手がひとしきり感情を吐き出した後で、「でも、視点を変えたら、その問題はこういうふうに解釈できるんじゃない？」などというふうに、カウンセラー視点で冷静に語りかけてみましょう。客観的に状況を分析したうえで、受け止め方の指針を示すと、相手の感情的な混乱も収まっていくでしょう。

そういう工夫をしてみても、まだ会うたびにグチを聞かされる状況が続くようなら、今度は一転してあなたという自我を出し、「私はいつも〝グチ聞き役〟としてだけ、あなたに求められてるの？　だとしたら寂しいな」と伝えてみましょう。

きっとその一言で、友達も自分があなたに甘えすぎていたということに気づき、ハッと目を覚ますはずです。

迷惑な人からの護身

07

宗教に勧誘してくる友達

護身法

利用されているとはっきり感じたなら「友達だから断れない」という涙目とは決別して

久しぶりに電話がかかってきた友達と思い出話に花を咲かせていたら、実は宗教の勧誘だった。こういう場合、もしかしたら、相手の根本にあるのは「自分がよいと思っているものを勧めたい」という純粋な気持ちなのかもしれませんが、興味がない人からすれば、困惑してしまう話でしょう。

それでも熱心に「これを信じれば幸せになれるからあなたも入信して」などと誘いをかけてくる。普段ならばきっぱり断れる人でも、精神的に落ち込んでいると、「もう少し話を聞いてみようかな」などと思うかもしれません。

何を信じようとそれは個人の自由です。しかし、一部では「○○を買うと幸せになれる」などと、物品を売りつけるケースもあるそうです。そうしたことがもとでのトラブルも多いと聞きます。こうした現実から目をそらしてはいけません。そもそもグッズなどを買っただけで幸せになれることは絶対にありません。モノにすがろうとするのは依存なのです。

涙目で人を見るのはやめましょう。「友達だから邪険にできない」などという情は潔く絶つこと。もし、それで友達でいられなくなるなら、もともとその程度の付き合いだったのです。

私の母も、夫を早くに亡くし、よく友達からいろいろな宗教に誘われたそうですが、いつも「その宗教に入らなかったら、私たちは友達ではいられないの？」と切り返していました。わが母ながら、毅然とした対応だと感心した覚えがあります。相手があなたを本当の友達として大事に思っているのなら、それ以上は無理には誘ってこなくなるはずです。

また、宗教だけではなく、何か特定の商品にハマり、それを勧めようとセールストークを始める人もいます。「あなたにだけ教えるんだけれど、とってもお勧め」などと言葉巧みに言われると、心が揺れるかもしれません。納得のうえで買うのなら別にかまいませんが、法外なお金をとられたり、後々同じように誰かに購入を勧めないといけないなど、面倒なことになったという話も聞きます。友達だと断るのが大変と思うかもしれませんが、「友達だからこそ」断ってあげるのが、思いやり。相手は、友達という立場を利用してあなたに依存しているのですから、その依存心を絶ってあげるほうがずっと相手のためです。

あなたの人生の貴重な時間を費やしてまで、耳を傾ける話なのかを分析して、表面だけの友達ごっことは決別し、お互いに自立しましょう。

迷惑な人からの護身
08

嘘をつく人&態度をコロコロ変える人

護身法

嘘をつく人は「幻」のような存在。割り切って付き合うか、人間関係の整理を

嘘をつく人は、それが癖になり、ひとつの嘘を隠すためにまた新しい嘘を重ねたりもします。あなたも薄々気づいているのに、追及しない。そんな「その場しのぎ」の関係を続けていないでしょうか。

相手と会話を重ねながら、「これも嘘なのかも…」と思いながら付き合うことほど、空しいものはありません。嘘をつく人は、実体のない幻のようなもの。本音で語り合えないなら、距離を置くこともひとつの道です。幻影との決別こそが必要なのです。

しかし残念ながら、今、世間にはこの〝幻影〟がウヨウヨいます。よく見かけるのが、相手に合わせるために嘘をつくパターン。たとえば、「AとBのどっちがいいと思う?」と意見を聞かれたときなどに、「A?」と、疑問形で答える。もしくは、Aだと答え

ておきながら、「そう?」と言われると、「Bだよね」と前言を翻《ひるがえ》す。そういうふうに、相手の顔色をうかがって、どちらにでも転べるように保険をかけているタイプです。これは別に悪意のある嘘ではないと思うかもしれませんが、思ってもいないことを口にするのもれっきとした嘘。自分にも嘘をつき、相手にも嘘をついているのですから、実はとてもやっかいです。

　この世には、嘘をつけない相手がひとりだけいます。それは、自分自身。それなのに、その自分をもだましている人が多いように思えます。

　もしあなたがそうなら、「いい人仮面」をかぶる自分と決別すること。人からどう思われても、潔く自分を貫くほうが、生き方としては正直です。悪く思われたくないから…と本心を偽り、嘘を重ねていると、それはカルマになります。積もり積もると相手との信頼関係を損ねてしまいかねません。

　また、人前でコロコロ態度を変えるのも、一種の嘘つき。よくあるのが、異性の前と同性の前では態度や言葉遣いなどがまったく違うケース。この場合、相手に対する妄想を断たなければなりません。「男の前ではいつも可愛い子ぶって」などと批判する前に、相手の本当の姿をしっかり見てください。あなたが勝手に「理想の友達像」をつくりあげ、本質を見抜いていなかったのかもしれません。相手を責めるより、自分の見る目のなさを問いただすべきなのです。

　嘘をつくのも、態度をコロコロ変えるのも、共通しているのは自分を偽っているということ。幻影の友達は、あてにはなりません。自分のなかで、「あの人はそういう人なのだ」と割り切って付き合うか、関係を整理するか。決断が必要です。

迷惑な人からの護身
09
近所付き合い

護身法

ご近所とのトラブルでは、短絡的考え方と決別し〝他人〟より〝自分〟の人生を大事に

向こう三軒両隣。昔は、そのくらいの近所付き合いは大人も子どもも普通に行っていました。それが今や「隣は何をする人ぞ」というように、近所の人の顔と名前が一致しないことも多いのではないでしょうか。顔見知りなら、「子どもがいるから騒音もしかたないかな」と寛大になれることでも、全く知らない相手となれば、許せなくなってしまうのかもしれません。いずれにせよ、ご近所トラブルが発生したときには、短絡的な思考と決別することが必須です。

たとえば、近所にゴミ捨てのマナーが悪い人がいて問題になっていたとします。「どうしてルールを守れないのか！」と何度も注意しているのに改善されず、ストレスがたまるばかり。こういう状況に置かれたとき、あなたに必要なのは、冷静に分析する視点です。

そもそも、あなたの人生において一番大事なのが、目の前の「ゴミ捨て問題」なのでしょうか。家のこと、仕事のこと、家族のことなど、ほかに大事なことはありませんか？　もちろん、マナーを守らない人が悪いわけですが、すでに数回注意して変わらないのなら、あとはもうその本人の問題です。行政の関係部署にも連絡を入れて実務的な対応をお願いするなど、やれるだけのことをしましょう。ゴミ問題にやっきになって、本来すべきことがおろそかになっては本末転倒です。

短絡的に考えるのではなく、俯瞰《ふかん》して問題を見つめれば、あなたが一番優先すべきこと、そして、次に大事にすべきことが何か、優先順位が見えてくるはずです。人生の問題として考えたら、少なくともご近所との付き合いは主軸となる問題ではありません。

「短気は損気」とよくいいますが、ご近所問題に限らず、**身近で何か問題が起きたとき、感情的に動くのは得策にあらず。**必要なことをきちんとやっていれば十分です。感情的になり、自分から悩みを増やし、問題を複雑化させてしまうのは時間の無駄。分析をする習慣を身につけていくことを目指しましょう。

実際、家を購入してローン返済中だったり、家族の通勤・通学問題などを加味すると、そうそう簡単に引っ越すこともできないという人のほうが多いと思います。たとえ賃貸でも、引っ越しには、それなりに手間がかかるわけです。

どこかで折り合いをつけなければやっていけない。それが、現実です。ならばなおのこと、余計な感情はシャットアウトを。自分の人生のほうを大事にして、**ご近所さんとのお付き合いは腹八分よりさらに少ない、〝腹六分〟くらいにとどめて**おきましょう。

迷惑な人からの護身

10

恩を仇《あだ》で返す人

護身法

純粋な善意なら「仇で返された」とは思わないはず。押し売りの〝恩〟をやめましょう

相手のためを思ってやったことがまったく逆の形で返ってきたら、腹が立つのは当然。ごく普通に考えればそうかもしれません。けれど、実は反対です。

スピリチュアルな視点での、大我と小我で考えてみてください。大我の愛で、本当に相手のためを思ってしたことならば、たとえ嫌がらせで返ってきても「しかたない」と思うはず。見返りを求めないのが、大我の愛だからです。「やってあげた」という思いがあるから、感謝されないことに腹が立つのです。

厳しい言い方ですが、恩を仇で返されたと思うときは、相手を責めるのではなく、あなた自身の押し売りの親切心をやめなくてはいけません。

では、あなたが親切でやったと思っていることが、小我か大我かを見極めるにはどうしたらいいのでしょ

うか？

「あなたのためを思ってしたこと」とか「よかれと思って」という言葉を使う場合は、〝小我〟。「私ってすごく親切な人なんです」と同義語です。善意とお節介は紙一重。相手が望んでいないことにまで首を突っ込むのは、ただのお節介なのです。それを相手や周囲から指摘され、「そんなつもりはなかったんだけれど…」というのも、厳しい言い方ですが、痛いところを突かれてつい口から出たただの言い訳に過ぎないのです。本当に相手のことを思う大我なら、そもそも相手が望まないことはしませんし、結果的に相手があなたの思いを理解しなくても、「そういう人なんだな」くらいで放念できるものなのです。

お金の貸し借りなどは、まさにそのよい例。もし、純粋な善意で貸したのなら、たとえ返済されなくても「最初からあげたも同然」と思えるはずです。小我な思いで貸した場合は、お金が返ってこないだけでイライラします。いい人だと思われたいという気持ちが、少なからず潜んでいたのではないでしょうか。

「あなたのために」という、一見謙虚な言葉を使っていたとしても、そこに「やってあげている」とか、自分のほうが上だという思いがわずかでもあれば、やはり小我です。恩を仇で返すような〝人〟と決別するのではなく、無意識に相手に恩を売っている〝自己中心的な自分〟と決別しましょう。それが、ひいては自分自身の「護身」にもつながるのです。

小我ではなく、純粋な気持ちでしたことなら、その善意が理解されなくてもいいはずです。大我な動機からよい種を蒔くのは、天に宝を積んでいるのと同じ。やがて、そのよいカルマが、あなたに返ってきます。

迷惑な人からの護身
11

陰口ばかり言う友達

護身法

友達を責めるより、まずわが身を振り返って。愛情を持って諭すことが、実は護身の近道

悪口ばかり言う友達と一緒にいるときは、あなた自身の感情と決別することが必要です。「あの人、あんなことばかり言って最低よね～」などという具合に、悪口を言う友達のことを非難していたら、あなたも〝同じ穴のむじな〟なのです。悪口を言っている人と同じ波長になって、悪想念のスパイラルにはまり、「カルマの法則」であなた自身にもカルマが返ってきてしまいます。

悪口を言う相手から護身するには、あなたのその感情的な批判精神と自ら決別しなくてはいけません。

相手の欠点が見えたら、それを批判するよりも、「自分も同じあやまちをしないように気をつけよう」と、わが身に置き換えることが何より大事です。

たとえば、おっちょこちょいで失敗ばかりする子に

ついて話をするとき、「あの子の間抜けっぷり、おかしいよね」と相手の言動をバカにして笑うのは、悪しき言霊《ことたま》、悪口です。けれども、同じことでも、「あの子は落ち着きがないから失敗しやすいんだよね。でも私もおっちょこちょいなところがあるから気をつけなくちゃ」というふうに自分自身に置き換えて考えられるなら、それは悪口ではなく自分へのいましめ。「人のふり見てわがふり直せ」という教訓として受け止められたということなのです。

自分を見つめるという視点を持たず悪口の輪に加わってしまうと、今度あなたが同じようなことで失敗したときには、「あの人、自分のことは棚に上げて」と、逆に周囲から陰口をたたかれてしまう結果になりかねません。

あなたが裁かなくても、悪口を言う人には、自分自身にカルマが返ってきます。ただ、カルマは決してバチではありません。人は誰でも未熟なもの。カルマを通して己の未熟さに気づき、自分自身を見つめながら少しずつ成長していくのです。

悪口が好きな人にもいろいろあって、他人の幸せをやっかんで、悪く言う人もいます。この場合は、できるだけ相手にポジティブな言霊をかけていくのがカギになります。「でも、そういうあなただって十分幸せじゃない？」と、逆の発想で語りかけてみるのです。相手の幸せに気づかせてあげることも、悪口を減らす方法です。

悪口を言う人や人をやっかむ友達は、実は寂しくて愛に飢えている状態。そんな人には、批判や否定で返さず、愛で向き合うと、相手のかたくななネガティブ思考が氷のように溶けていくものなのです。

迷惑な人からの護身
12
都合のいいときばかり頼ってくる友達

護身法
あなたに「頼られて嬉しい」気持ちはないですか？自分のなかにある依存心を理解し、打算と決別すべし！

都合のいいときばかりあなたのことを頼りにしてくる友達。それはもはや「友達」というよりも、あなたを単なる「便利屋さん」にしているのではないでしょうか？

そんなふうに都合のいいときだけ頼られて嫌な思いもしているのに、それでも「友達」でいるのは、あなた自身のなかに「頼られて嬉しい」という気持ちがあるからではないでしょうか？

厳しいことを言うようですが、どこかで打算が働いているのです。相手だけが悪いと思うのではなく、自分にも相手への依存心があることを認めることが、頼りたがりの友人との決別につながります。

たとえば、友達と一緒に海外旅行へ行くことになったとしましょう。友達はあれこれリクエストをするわりに、飛行機やホテルの手配になったとたんに、「私よりあなたのほうが旅慣れているから」などと言って、何も調べようとしない。代金の支払いなど、面倒な手続きはおまかせ状態。これでは、あなたは単なるツアーコンダクターです。

このようなタイプの人には、強い依存心があります。必要としているのは、自分をフォローしてくれる便利な存在。シビアなことを言うようですが、あなたという人間が望まれているわけではないのです。

このままでは友達としての対等な関係が成り立ちません。ただの便利屋として頼られているのが本当に嫌なら、「頼りにされたことは嬉しかったけれど、いつも言いなりになる自分もいけないと思うから、これからは頼ってこないで」とはっきり伝えていいのです。

それが言えないのは、「失いたくない」という恐れや、あなた自身も相手に依存している気持ちがあるから。ギブアンドテイクの関係だから、断ち切る勇気が持てないのです。

人間関係全般において言えることですが、相手が全面的に悪いということはありません。自分のなかにある依存心や打算とまず決別したうえで、それでも相手との関係が改善できないなら、2回に一度は断るなど物理的な距離を置くのもひとつの護身法と言えるでしょう。

寂しいから縁切りできず、相手の態度には不満があっても、自分が我慢するしかないとあきらめる。こういう状態になるのは、ネガティブ思考の極み。自分で自分を縛り付け、苦しめているのです。本当の友達とは、お互いが自立していて、対等でいられる関係だということを心にとめておきましょう。

迷惑な人からの護身

13 最近、仲がうまくいっていない友達

護身法

相手の態度を引き出している原因は自分では？ しっかり内観して、早まって決別しないで

友達のなかには、「仲がよい」と言える友達と、そこまで言えない人がいます。では、どうして特定の人とだけ「仲のよい友達」になるのでしょうか？

それは、あなたの長所と相手の長所が引き合っているから。お互いのよい面同士が反応し合っているから、一緒にいて楽しいし、仲がよいのです。これは、「波長の法則」がいい形で働いた結果です。ポジティブな波長が引き合った結果、仲のよい友達として付き合っているのです。

人にはいろんな面があります。たとえば、情が深くてやさしいけれど、ずるいところだってあったり、時には辛らつなことを言ったりする。それが、人というもの。長所と短所、つまり、いい面と悪い面の両方を併せ持っているのが人間なのです。

ですから、どの面が反応し合うかによって、関係性は変わります。仲のよい友達であっても、なんとなくしっくりこない場合は、お互いの短所がぶつかっているからです。

こうしたことから考えてみれば、あなたにとって「仲のよい友達」が、他の人にとっては違う場合もありますし、悪い噂が聞こえてきても不思議ではありません。

では、なぜ今まで仲がよくて問題がなかった友達との関係に、違和感が生まれるようになったのでしょう?

答えは自分のなかにあります。

人は不思議なもので、相手の態度によって反応が変わるし、ある一面を引き出したり、引き出されたりします。話し方で説明してみましょう。「だってさあ、そう思わない?」と気軽な口調で聞けば、「そうだよねぇ」と砕けたトーンで返ってきます。「そう思いませんか?」と丁寧語で聞けば、「そうですよね」と返ってくることが多いでしょう。こんなふうに、相手の態度というのは実は自分しだいなのです。

仲のよい友達に今までと違った一面を感じた場合、相手に問題があるととらえる前に、自分自身によくない言動がないか内観しましょう。「何かがヘン」とひっかかった部分は、あなたにも原因があるかもしれないのです。

これが、自分の行いが自らに返ってくるという「カルマの法則」です。つい甘えてしまったり、自分の機嫌が悪いからといって、冷たい態度をとったことはないでしょうか?

もし、そのような態度をとったとしたら、いくら親しい友達が相手であっても、そこにあるのは自己中心的な「小我の愛」。カルマの法則によって、「小我」には「小我」が返ってくるのです。

人との関係は、自分のあり方しだい。よい方向に流れを変えるのは、あなた自身だということを忘れないで、早まって大切な友達と決別しないでください。

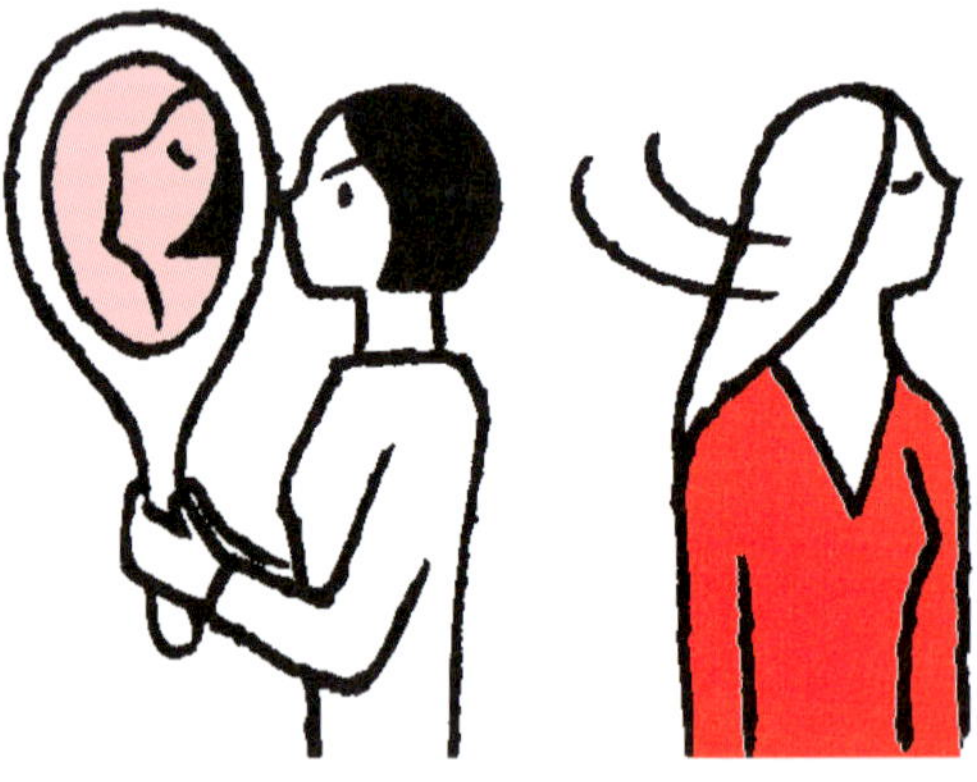

迷惑な人からの護身

14

自己顕示欲が強く、大口をたたく友達

護身法

「嫌いだ」と一方的に敬遠するのはＮＧ。相手から学べる面もいっぱいあるはず

友達同士で会話していても、すぐに自分の話に持っていきたがる。端々に自慢話を織り交ぜて話す。

ハッキリ言って、このような人は実は今の状態に「満たされていない」のです。もしかしたら、仕事や恋愛で満たされないことがあって、その欲求不満の矛先を友達に向けているのかもしれません。

だからといって、「役職に就いている」「恋人がお金持ち」などとアピールされても、周りの友達はしらけてしまいます。

自慢話をしているときというのは、ちょっと人を見下したような表情や、傲慢な態度が知らず知らずのうちににじみ出てしまうものです。すると、その場にマイナスの波長が生じて、一緒にいる人は話を聞くことに疲れたり、話題を変えたくなります。

人間関係の悩みで重要なのは、相手が自分にとっての〝表映し出し〟か〝裏映し出し〟か、ということ。

自分も満たされていないからそういう友達と引き合ったのなら、それは〝表映し出し〟です。まず、自分を変えることから始めましょう。仕事なり恋愛なり、満たされるようになるにはどうしたらよいか、自分自身を振り返って内観してください。

一方、〝裏映し出し〟であれば、ここで学ぶべきことは「分を知る」という考え方。

友達が得意げに自慢話を始めたら、思い切り褒めてみてください。俗にいうところの、褒め殺しです。「すごいね。とても羨ましい！」と褒めるのです。そして、その後に「でも、私は自分の分を知ってるから、今のままで満足してる」と付け加えてみましょう。〝足るを知る〟ということをさりげなく言葉で伝えるのです。

言霊《ことたま》は波長を変えることができる、最も簡単で効果的な方法です。「自己顕示欲が強い友達を好きになれない」という負の感情と決別して、お互いに未熟な面を磨き合っていく関係に昇華させていくことが護身につながります。

また、同様に、やたらビッグマウスで、言っていることとやっていることが大違いな友達との関係を断ち切りたいと思っている人は、油断しがちな自分の甘さと決別しましょう。一見もっともらしいことを言ってきたりする相手の口車に乗って失敗してしまうこともあります。特に、お金や人間関係が絡んでくると、事態は複雑になってしまいがちです。

たとえば、「いい儲け話がある」と、話をもちかけられる場合があるかもしれません。気がついたら大損していたなんてことにならないように、日頃から油断しないことが必要です。後で責任を追及したところで、言葉巧みにかわされてしまうのが関の山だからです。

たとえ儲け話でなくても、口先だけの人にうっかりだまされてしまうのは、現実を直視していないから。自分のなかにも、少し非現実的な話が好きな部分があることを認めなくてはいけません。

油断しすぎは禁物なのです。時折、「人の見極め方がわかりません」と言う人もいますが、答えは簡単です。それは、相手の言葉ではなく、日常の行動を見ること。行動が伴っていない人を簡単に信用してはいけないのです。この世の中に、楽していい思いができるような〝おいしい話〟はまずありません。

迷惑な人からの護身
15
感情の起伏が激しい友達

護身法
厳しく突き放すことも愛。関係を改善しない自分の薄情さと決別を

機嫌がいいときはハイテンションで大騒ぎするのに、ちょっとしたことで怒ったり、すねたりする。そうかと思えば急に泣き出してみたり…。こんな調子で、常に周りを振り回してしまう人がいます。そんな友達がいたら、どう対処していいか悩んでしまうでしょう。

でも、悩むだけ時間の無駄。感情だけで行動する人への対処法をあれこれ模索しても埒《らち》が明かないでしょう。仮に相手の機嫌をとったり、そっと様子を見守ってみたとしても、状況は改善されないばかりか、気にかけてもらっていることを「受け入れられている」と思って、ますます図に乗ってしまいかねません。

とても勇気のいることですが、このような友達とは実際に縁を切ることも視野に入れたうえで、「ついていけない」と伝えましょう。ただ、そのときも相手の

心が安らかであるように、祈りを込めて伝えるのがポイントです。

感情の起伏が激しいので、激昂するかもしれません。もしくは、ひどく落ち込むことも考えられます。いずれにしても、すんなり理解してくれないと思ったほうがいいでしょう。それでも、その激しい反応を無視すること。

デパートのおもちゃ売り場で、おもちゃを欲しがって駄々をこねている子どもと同じなのです。お母さんがなだめすかしても、子どもはなかなか聞き入れようとしません。けれど、無視して歩いて行かれたら、駄目だとわかって慌てて追いかけていきますよね。

それと同じで、もし、友達も本心から反省をして、あなたとの友達関係を修復したいと思ったなら、必ず追いかけてきます。そのときにきちんと理性で会話できるならば、そこからが新たなスタート。再び友達として付き合っていくことも可能でしょう。

大人の付き合いができない人は、感性が子どものままでストップしています。そこで、あなたが親の気持ちになって突き放すことが、大我の愛であり、ひいてはあなたを護る護身法となります。そのままの状態で不満だけを募らせているのは、友達関係を捨てているのと同じこと。あなた自身のその薄情さと決別しましょう。

感情で付き合ってきた関係をいったんリセットすることで、相手を変えることができる可能性も十分にあるのです。愛の対極にあるのが、無関心。相反するようですが、あえて無関心を装うことは、実は愛の鞭でもあるのです。

第2章

仕事での護身

仕事での護身
16

仕事のできない人

護身法

中途半端な同情は不要。相手に「期待していた自分」に決別

仕事ができない人が近くにいると、フォロー役に回ることになり、結局自分の仕事が増える。そんなことの繰り返しになると、誰でもイライラするかもしれません。その気持ちもわかりますが、ここであなたがすべきことは、相手に対する期待との決別。イライラするのは、あなたもその人に期待している部分があったからなのです。

もし、最初から期待していなければ、失望しません。必要最低限のことを教えれば、あとはその人自身が学んでいくしかないのです。放任するというのも、実は根気のいることですが、親のような気持ちで見守っていきましょう。

また、このご時世ですから、仕事ができない人を「見切る」という立場にいる人も多いと思います。会社が

生き残るためには、不要な人は切らないといけない。人事で、あなたがリストラする立場になった場合は、相手のことを思うと心苦しいかもしれませんが、ここでは、中途半端な同情心とはキッパリと決別しましょう。

冷たく聞こえるかもしれませんが、会社にとって本当に必要な人であれば簡単にはリストラされないものなのです。また、今いるところがその人にとってふさわしい場所ではなく、もっと適した仕事や会社があるということもあります。その視点に立てば、リストラは、されるほうにとっても、学ぶことは必ずあります。ですから、必要以上の同情は、かえって相手にも失礼です。

「恨まれるのが嫌だ」「冷たい人だと思われたくない」という気持ちになるのもわからなくはありません。しかし、厳しい言い方かもしれませんが、それは自分のことしか考えていない「小我の愛」。会社全体のためを思って、私情を捨て、リストラを行うのだと思ってください。リストラする立場にあるなら、それはあなたの「仕事」ですから、冷静に、淡々と行っていくことが重要です。

またあなた個人の考え方と会社の方針がまるで違う場合は、リストラするのがつらいときがあるかもしれません。けれど、あなたはその仕事をしてお給料をもらっているのだということを忘れてはいけません。ここで感情的に「こんないい人を切るなんてつらい」とか「リストラした私を恨まないか」などと気をもんでも始まらないのです。誰かがやらなければならない仕事をしているのですから、あなたはやるべきことをすればいいのです。

仕事での護身
17

ソリの合わない上司や同僚

護身法

好き嫌いの私情とは決別を。嫌な思いをすることも無駄にはならない

付き合う相手を自分の好みで選べないのが、仕事というものです。

たとえ、上司とソリが合わなくても、同僚に不満があっても、会社に出社して日々の仕事をこなさなくてはなりません。上司や同僚は友達ではなく、あくまでも仕事仲間。そして、その仕事仲間と一緒に成果をあげなくてはならないのです。

ですから、仕事においては、私情とは決別しなくてはいけません。会社はチームプレイヤーを求めています。社内の人間関係にうまく対処することも、仕事での重要な責務なのです。

とはいえ、「どうしてこのような人と一緒に仕事をしなければならないのか」と理解に苦しむこともあるでしょう。けれど、自らの波長でその会社と引き合っ

て入社したことを忘れないでください。出会う理由があって、その人と出会ったのです。

あなたは、気の合わない上司や同僚の、どんなところが嫌なのでしょう？　その人の顔を思い浮かべて、考えてみてください。手柄を独り占めしようとする、言いわけばかりする、自己中心的で協調性がない――。思いつく限り、紙に書き出してみましょう。

紙に書き出した相手の嫌なところは、あなたにはまったくない部分でしょうか？　その相手は「鏡」となって、あなたの未熟な部分を教えてくれているのかもしれません。または、書き出した短所には、あなたが反面教師とすべきところもあるのではないでしょうか。

確かに、自分と気の合う人たちに囲まれて仕事をすれば、叱られたり、嫌な思いをすることは減るでしょう。でも、叱られたり、嫌な思いをすることも無駄な

経験ではなく、いわば、たましいを磨くためのひとつの教材です。

しかも、社会に貢献もしつつ人間性を磨いていけるのは、仕事でしか得られない感動でもあります。お給料をもらいながら、実は授業料を払わなくてはいけないくらい、仕事を通して教えてもらっていることがたくさんあるのです。

「気が合わない」と頭から否定するのではなく、きちんと相手を見つめましょう。「いいところなんて一つもない」と思うかもしれませんが、「挨拶の声が大きい」「机の上がきれい」など些細なことでも、何か必ずいいところはあるはず。意外な一面や、陰で努力していることを見逃しているかもしれません。そのことに気づくだけでも、関係を改善するきっかけとなるでしょう。

たとえ理不尽なことがあっても、感情をぶつけるのではなく、相手のなかにわずかでもよいところを見つけ、そこを褒めるくらいの気持ちで接してみましょう。

相手の非を見つけて糾弾したり、相手と戦おうとすると、いつまでも不仲の火種は消えません。**苦手な人のことをあなたが先に受け入れる**ことが、相手とのトラブルから身を護る、最も簡単かつ効果的な方法なのです。

仕事での護身

18

セクハラ、パワハラに悩まされている

護身法

自分にも気の緩みがないか反省し、隙と決別。毅然とした態度で臨むことが、最大の護身

最近、セクシャルハラスメントやパワーハラスメントについてとても厳しい会社が増えているようです。

しかしながら、いったいどこからをハラスメントととらえるかの判断がしづらかったり、被害を受けても、職場という環境では苦情を訴えづらいという声もよく聞きます。

体に触ったり、性的なことがらに関することを口にするのは、いうまでもなく明らかなセクハラです。けれど、男性の上司が女性の部下に対して、「やせたんじゃない?」と聞くことが、必ずしもセクハラだとは断言できないように思うのです。「顔色がよくない」「仕事がハードなんじゃないか」などという会話の流れなら、それは体調を心配しているということ。体型についてコメントするのが、すべてセクハラだと言い

きることは難しいでしょう。

パワハラもしかりで、部下が仕事でのミスをすれば、上司が叱責するのは当然です。

たしかに注意を与える際、暴力をふるうなどの行為があれば、パワハラでしょう。しかし、同じミスを何度も繰り返し、取引先に迷惑をかけたのに、反省の色がまったく見えないというとき、「今すぐ先方に謝ってこい！」と声を荒げて注意したとしても、それが果たしてパワハラなのでしょうか。

客観的に見て、もし明らかなセクハラ、パワハラであれば、毅然とした態度で対処してください。相手にきちんと、理性で対応することが大切です。セクハラの場合は、会話の際など、相手が気づくようにわざと近づかないのも一案ですし、会社内に相談機関がなければ、法的な機関に相談することも視野に入れていいでしょう。

ただ、シビアなことを言うようですが、このようなハラスメントを受けるのは、本人にまったく原因がないとも言いきれないのです。

なぜなら、人のちょっとした隙や弱さにつけ込む、波長の低い人はどこにでもいるからです。あなたが波長を高く保っていれば、そのような人は、波長の違いを察知して近づいてこないでしょう。つまり、セクハラにしろ、パワハラにしろ、大事なのは仕事をきちんとこなし、言動に気の緩みが表れないようにすること。身を護るためには、まず自らの波長に注意することが大切なのです。

仕事での護身

19

仕事上の人間関係のトラブル

護身法

自分の傲慢さと決別して、ミスをいつまでも引きずらず迅速に挽回する行動を

得意先など、社外の人との間で人間関係のトラブルが発生したときは、それが会社の不利益につながることもあるので、「人間関係の勉強になった」と悠長に言っていられない場合もあります。しかし、お詫びに出向いてなんとか自分の真意を伝えようとしているのに、一切聞き入れてもらえず困っているという悩みもよく聞きます。

相手が謝罪を受け入れてくれないというのなら、無理に本意を伝えようとするほうが、小我の行為になります。「自分は間違っていない」とか「自分は誠意のあるいい人間だ」というのは、相手にとってただのパフォーマンスに見えてしまうのです。

あなたの同僚は真意をわかってくれるかもしれませんが、「何がなんでも相手にわかってもらわなくては」

と思い詰めてしまうと、結局自分が苦しくなってしまいます。「負けるが勝ち」という言葉があるように、頑固にならず、臨機応変に考える心の余裕を持つことも大事です。

もし、失敗をしてそれを挽回したいと思うならば、萎縮しないこと。謝罪する誠意はもちろん大事ですが、一度のミスで次の失敗を恐れ、「また失敗したらどうしよう」と恐怖心が先に立ってしまうと、その念がもとでミスを連発してしまいます。

萎縮したり、過度に緊張してしまうのは、どこかで「自分はもっとできるはず」という自信が隠れているからではありませんか？ もし、本当に謙虚であれば、自分のミスにショックを受けている暇などありません。とにかく、努力して、行動して、状況を改善できるように頑張るしかないからです。

口先だけになっているな…と感じたら、自分自身の傲慢さと決別して、一から出直す気持ちで向き合いましょう。

暗い表情で「反省しています」と何度も謝るばかりでは、相手も滅入《めい》ってしまいます。一度誠意を込めてきちんと謝罪したのなら、気持ちを入れ替えて出直しましょう。あなたの本気が自然と行動にも表れ、言葉以上に相手を納得させる力となるでしょう。

第3章

家族からの護身

家族からの護身
20

ろくでもない親

護身法

親はこうあってほしいという〝理想〟と決別。縁は切っても絆は切れないと思って

スピリチュアルな視点で見れば、家族は「学校」のようなものです。子どもが自ら親を選んで生まれてきて、その学校でどういうカリキュラムを履修するかも決めてきているのですが、勉強熱心なたましいは、あえて難しいカリキュラムを選ぶこともあります。現世的に言えば、「ろくでもない親」のもとに生まれ、苦労するケースです。

過去に受けた相談のなかには、幼い頃に自分を捨てた親が、「年老いたから」「病気になったから」などという理由で頼ってきて、どうしたらいいかわからないと葛藤する方もいました。

ほかにも、酒乱や家庭内暴力、育児放棄など、親とも呼べないような親が世の中にはたくさんいます。そういう親を持った身になってみれば、「どうして自分

は親に恵まれないのか」と不満爆発かもしれませんが、こういう場合、どこかで「親には完璧であってほしい」という期待があるのです。まず、その理想と決別することが、一番の護身となります。

　親を許すも許さないも、あなたの自由です。究極のことを言えば、もし「悔いが残らない」と思うなら、縁を切ってもいいのです。縁を切ったとしても、親子であるという事実や絆までが消えてなくなるわけではありません。生きている間に理解し合えない場合でも、やがてお互いが天寿をまっとうしたのち、あの世で和解することもできるのです。一方、「決別したら悔いが残る」と思うのであれば、きちんと相手と話すことから始めてみましょう。

　自分を捨てた親が今更頼ってきたというケースで言えば、一度会ってみて、それから援助するかしないかを考えても遅くはありません。親であっても未熟なところはあるもの。たましいの年齢が、あなたよりも幼いことはよくあることです。けれど、そんな未熟な親がいたからこそ、あなたは反面教師として学び、早くから精神的にも自立できたのではないでしょうか。世の中というのは実にうまくできています。深い闇を味わった分、これから光を知ることができるのです。

　ろくでもない親であったとしても、親子としてこの世で出会っていることには必ず意味があります。縁を切っても切らなくても、親子であることに変わりはありません。そのことを念頭に入れたうえで、「たましい」で選択しましょう。

　家族は、甘えも期待も生まれやすいだけに、決別をするのが一番難しい関係です。時間をかけて取り組みましょう。

家族からの護身

21 過干渉の親

護身法

親と子でもたましいは別。親の愛の奴隷になるべからず

「親の理想とする生き方を押し付けられてつらい」という悩みを持つ人も大勢います。親は子どもの将来を案じるあまり、「いい学校に行ってほしい」とか、「安定した仕事に就いてほしい」、「幸せな結婚をしてほしい」など、さまざまな願望を持ちます。それに子どもが応えられなかったり、親の望む道とは違う方向に進みたい場合、そこに葛藤が生まれます。こうした場合、

子ども自ら「親の愛の奴隷になること」から脱却して護身しましょう。

親の期待が大きくて、敷かれたレールの上に乗らないといけないような強迫観念に駆られたり、実際に、学費など経済的な援助を受けているうちは、ノーと言えないかもしれません。

けれども、そもそも子どもと親ではたましいは別で

すし、子どもの人生は、その子自身のもの。自分が人生に責任を持つという覚悟があれば、「親の言いなりにはなりません」と宣言することはできるはずです。その結果、「絶対に許さない」「親子の縁を切る」などと言われることもあるかもしれませんが、それでも、自立する道を選ぶこともできるのです。

親に反発したら経済的援助が得られなくなるのではと、意志を貫くことに尻込みしてしまう人もいるかもしれません。でも、その甘えを断ち切ってこそ、本当の意味での自立なのです。そして、自立してこそ、初めて対等になれるのです。

逆に、親が子どもから自立心を奪っている場合があります。自分の果たせなかった夢を代わりに叶えさせたいと望んだり、子どもがつまずかないよう、挫折という目前の〝石〟を事前に全部拾ったり。けれど、それは子どもの経験と感動を奪ってしまう行為。自分で人生を選択できず、親なしでは生きられなくなる軟弱な子に育ちます。それが本当の愛情でしょうか？

親としての大我の愛があるなら、子どもの人生を尊重し、選択の自由を与えてあげられるはず。自分の足で歩めるたくましさを育むのが、親の役目ではないでしょうか。

子どもに過度に干渉してしまいそうなときは、「わが子」への所有欲と決別しましょう。その子はあなたの子であっても、持って生まれた課題は別。親の望む通りに生きることが必ずしも幸せとは限りません。それをよく肝に銘じて、習い事でも進路でも、いろいろな選択肢と可能性を与えてあげてください。

肝心なのは、親の感情を押し付けないこと。いかなる場合も本人の自由意思が最優先です。

家族からの護身

22

義理の家族

護身法

過干渉や理不尽なことには感情で向き合わず、理性で相対することが護身の極意

結婚して新しく付き合うことになる義理の家族。これは、スピリチュアルな視点で見れば、実の家族とはまた別のカリキュラムを学ぶ〝第二の学校〟のようなもの。育ってきた環境も価値観も異なる者同士ですから、頭を悩ませている人も多いのではないでしょうか。

これまでに相談を受けてきたなかでもよくあった例をいくつか紹介しましょう。まず、「姑が自分や子どもを目の敵にして、冷たくする」というケース。暴言を吐かれたり、無視される、孫をまったくかわいがってくれないなど、姑の態度が理不尽という内容です。この場合、決別すべきなのは、実は寛大になれない自分の気持ちのほうなのです。

姑がこうした態度をとるのは、あなたに対する嫉妬です。大事な息子を取られた！　という気持ちから、

嫌がらせをしているのですから、感情的になって姑に向かっていったり、反対に「どうして姑から受け入れてもらえないのか」と泣いたところで問題は解決しません。そこまで大事に思われている男性とあなたは結婚したのですから、「愛されて育った人なんだな」と理解し、姑の気持ちを「かわいらしいものだ。好きなようにおやりなさい」くらいに、あなたのほうが一段も二段も上にいながら見ていればいいのです。

自分や子どもを〝被害者〟にしてしまっているのは、あなた自身の考え方ゆえです。もしかしたら、姑自身が、そのまた姑から同じような目に遭ってきて、その憂さ晴らしをしている可能性もあります。そういう悪しき考え方が嫁ぎ先にあるのなら、今後、あなたがその悪習を終わらせるよう、努力しましょう。あなたも自分の子どもを溺愛し、わがものとしないことです。子どもにできるだけ広い社会を見せて、子どもを私物化しないよう、心がけましょう。

また、反対に、義理の親が子育てや家庭のことにあれこれ口出しするというケースもあります。この場合、依存心との決別をすることが護身となります。口出しされて嫌だと言いながら、都合のいいときだけ子どもの面倒を見てもらったり、金銭的な援助を受けていたりはしないでしょうか。いいときだけ義理の家族をあてにしているのなら、口出しされても文句を言える筋合いではありません。大事なのは、あなたの自立です。

もし、一切義理の家族に依存していないのに、口出しをしてくるのなら、きっぱりと断ってもいいのです。ただ、それも感情的に伝えるのではなく、理性で返すこと。「夫と話し合ってみます。意見をくださってありがとう」など、淡々と伝えましょう。それを相手が嫌味だと受け取ろうが、生意気な嫁だと思おうが、あなたは、自分を貫いていればいいのです。どこかで「嫌われたくない」と相手におもねる気持ちがあると、ビクビクしてしまいます。

理不尽なことを要求してきたり、口出しされるのであれば、毅然と断って問題ありません。年長者の意見として「なるほど」と思えることも時にはあるでしょうが、その見極めをするためにも、センチメンタルな考え方とは縁切りしましょう。

義理の家族との問題を抱えているときは、実は夫婦の関係をしっかり立て直すべきときでもあるのです。夫婦の絆がしっかり結ばれていれば、「義理の家族とのいざこざも乗り越えていこう」という前向きな気持ちになれるのです。姑との関係という一面だけを見ず、パートナーとの関係を見直してみることも大切です。

家族からの護身
23
仲の悪い家族

護身法
家族への期待や甘えと決別し、自立することが護身への一歩

たとえ血がつながっていても、それは肉体上でのこと。たましいのうえでは、別々の個性を持ったたましいです。だから、気質も違えば、考え方も違って当然。意見が合わず衝突しても不思議ではありません。

ただ、家族として巡り合ったことには意味があります。どういう個性の人たちと「家族」になって学ぶかは、生まれる前に自分で選び、キャスティングをしてやってきています。「仲がうまくいかない」メンバーを選んできたのも実は自分自身で、そこにはまさに、カリキュラムのポイントがあります。

仲が悪いというのは、親子間であれ、きょうだい間であれ、「甘え」の裏返し。たとえ表面的には、まったく口もきかないほど冷めた関係に見えたとしても、家族に甘えている気持ちがあるからこそ、きつくあた

れるのです。「嫌い」という感情は裏を返せば、「私のことをもっとわかって!」という甘えだったり、「もっと愛してほしい」という依存心であることがほとんど。本当にどうでもいい相手なら、無関心でいられるはずです。

以前、ある相談で「妹が親のことをとても恨んでいる。刺し違えないか心配なほどだ」と打ち明けられたことがありました。確かに世間には、親が子を、子が親を手にかけてしまう事件が後を絶ちません。大事に至る前に踏みとどまることが重要なのは言うまでもありませんが、実は、そうまで思うくらいの憎しみに到達するのは、多くの場合、愛してほしい、理解してほしいというたましいの叫びとも言えるのです。根底にあるのは相手への期待や依存心。まず、その本心を自覚することが、問題解決の糸口になります。

そして、そこまで思い詰める原因が何だったのかを分析し、話し合うことです。もし、本当に危害を加えそうなほどひっ迫している状況ならば、物理的な距離を置くこと。虐待から身を守るシェルターなどの支援施設に相談して、一時身を寄せるのもいいでしょう。家族だから、**家族のなかだけで解決しなければいけないと思い詰めなくてもよい**のです。

あなた自身が家族と仲が悪いと思う場合も、まずは甘えを断ち切る努力をしましょう。家族への過度な期待と決別すべきなのです。家族であっても、わかり合えないことはあります。たとえお互いが存命のうちにわかり合えなかったとしても、あの世に帰ってから相手の本音を理解し、わかり合えることもあるでしょう。すぐに解決しようと焦りすぎることはありません。

家族からの護身

24

子どもの将来

護身法

人生にテクニックは不要。人間力と想像力を育むのが子を護る親の役目

親であれば、子どもの将来を案じ、幸せな人生を歩んでほしいと願うのは当然でしょう。けれど、もしも人生を楽に生きるためのテクニックを身につけさせたいと思っているとしたら、それは間違った親の愛。シンプルに考えてみてください。人間が生きるために必要なのは衣食住です。最低限それさえ整っていれば、幸せを感じられるものなのです。あとはその子の人間力しだいです。

人生をまるでゲームのようにとらえているテクニック派は、人生で起こることをシナリオのように考えていて、その通りに進むものと思い込んでいます。そのため、シナリオになかった出来事が起こると、フリーズして動けなくなってしまう。何かドラマが起こると、動揺して対処できないのです。

人生では、まったく予想していなかったことが起こるものです。シナリオが大きく変わったとき、対応できるのは想像力のある子。そのためには、本人がたくさんの経験と感動を積んで想像力を養うことが大切です。親がその機会を与えてあげるのが、長い目で見ると子どもを護ることになるのです。

転んで、失敗し、挫折を味わうことで、たましいは大きく成長します。皮膚が外気にさらされ、摩擦にあって丈夫になるように、たましいも多くの摩擦を繰り返して鍛えられ、成長するのです。大人になってもベビースキンのままでいることはできません。

社会に出ると、いろいろな価値観や常識を知ります。学校を卒業してすぐ就職するよりも、アルバイトをたくさん経験しておいたほうがよいと言われるのは、すねかじりではない環境で社会訓練ができるからです。

最近では、勉強以外の芸術やスポーツなど、一芸に秀でた子に育つことを望む親も多いようです。才能のない子はひとりもいないのですから、何でもやらせてあげましょう。そして、本人がグループ・ソウルとプラグをつなぐようにすること。グループ・ソウルは、私たちの「たましいのふるさと」。そこには、守護霊や前世の経験が詰まっていて、まさに叡知の宝庫です。それらとプラグをつなぐためには、何よりも努力をすることが必要です。

すでに子どもに秀でたことがあるなら、親は過干渉にならず、精神的なサポートに徹しましょう。人より秀でたことがあるのは、苦労を伴うものです。太陽の光が強ければ、影が濃くなるように、華やかさの裏には影の部分があるのです。親にできるのは、あたたかい目で見守ってあげることなのです。

第4章

恋愛での護身

恋愛での護身

25

不倫やセックスフレンド

護身法

愛するより愛されたいという「自分中心思考」と決別を

刺激的なことが起こると、「恋愛している」感じがする、だから不倫にハマる、という人がいます。「切ない思いをするのが嫌だ」と言いながらも、不倫を繰り返す人が多いのは、障壁の多い恋に快感を覚えているから。けれど、多くの場合、不倫は「小我の愛」です。もし、相手がシングルだったら、そこまで好きになったでしょうか？　もし、相手が離婚してフリーになったらどうでしょう？　不倫にハマる人が求めているのは、人を愛することではないことが多いように見受けられます。要は自分が一番好きで、そんな自分を一番愛してほしいと願っている〝究極の自己愛〟なのです。自己愛は、身を護っているようで、実は自らを苦しめているということに気づきましょう。

もっとも、なかにはごくまれに、結婚してから「この人だ！」と思うパートナーに出会うこともありえます。けれどその場合は、不倫にありがちな、ずるずるケジメをつけない関係を長く続けてはいけません。ウェットな感情とは決別し、周囲にも筋を通してやり直す覚悟を決めてください。

そういうケジメをつけられない不倫は、単なる快楽主義なので、何度でも繰り返します。**そのスパイラルを断ち切るためには、自己愛との決別が必須。**「どなたか私のことを愛してくれませんか？」と愛を彷徨《さまよ》い求める、自分の弱さを断ち切りましょう。障壁がなくても、人を愛することはできるし、同じように愛されることも可能だということを忘れてはいけません。

また、セックスから始まる恋や、セックスだけの付き合いの恋と決別できずに悩む人もいます。もちろん、セックスから始まったとしてもお互いが本当に気持ちを交わし合うことができないわけではありません。けれど、最初から関係を進めてしまうと、お互いを尊重する気持ちが薄らいでしまうのは確か。

もし、セックスだけの付き合いが嫌なのであれば、潔くいったんリセットするしかありません。安易に関係を持った過去のあやまちと決別を。相手にもやり直す気持ちがあるなら、どんなに時間がかかっても縁を結ぶことはできるでしょう。体ではなく、心を交わすことにシフトしていくのです。もし、それで相手があなたのほうに二度と振り向かなかったら、そういう人を引き寄せてしまった自分の波長を反省すべきです。

土台から立て直さず、目の前に見える範囲で補修工事をしていても、その恋の耐久性は弱まるばかり。「急がば回れ」で、一から土台を築いていく覚悟を決めましょう。

恋愛での護身

26

腐れ縁の恋人

護身法

あいまいをよしとしたあなた自身の軽率な言動と決別しましょう

〝腐れ縁〟とは読んで字のごとく、すでに縁が腐ってしまっているということ。決してフレッシュな関係ではありません。何度も別れたりヨリを戻したりする関係や、結婚など次のステップに進まないまま長く交際しているケースなど、「腐れ縁」度合いも人それぞれでしょう。もちろん、双方が納得してその関係を選んでいるのならいいのですが、たいていの場合、どちらかが不満を持っているから「腐れ」という言い方になるのです。

腐れ縁を断ち切るために必要なのは、ひとりになるのを怖がらないこと。寂しいからとりあえずキープしておくとか、現状を理性的に分析しないままにしているのが一番よくありません。

自分は別れたいと思っているのに、恋人が別れに応じてくれないという場合、あなた自身のあいまいさと決別しなければいけません。自分のなかではすでに終わっている関係なのに、ケジメをつけられないのは、相手が悪いのではありません。縁を腐らせているのはあなた自身なのです。付き合いを続ける気持ちがないなら、「今までありがとう」と毅然とした態度で告げて、別れなくてはいけません。大我の愛があるなら、相手のためにいっとき自分が悪者になってでも、別れることはできるはずです。悪者になりたくない、嫌われたくないという思いは、あなた自身のことをかわいいと思う小我。自分は傷つかないように守ろうとする、ずるい考え方です。

中途半端な関係を続けたり、連絡が来たら会ったりしているから、相手に「もしかしたらやり直せるのでは？」という期待を持たせてしまうのです。あなたが

淡々と理性で接することができたら、相手も「本当に終わったんだ」と悟れるのです。

ただ、「もう顔も見たくない！」と感情的に別れ話をするうちは、あなたのなかにも、まだ相手への執着が残っている状態です。本当にケジメをつけられていたら、たとえ街でバッタリ会っても「元気にしてた？」とごくごく普通に会話できるでしょう。「いつまでも引きずっていたら、新しい出会いが遠ざかるよ！」と、お互いにエールを送り合う気持ちで、明るくカラッと接することもできるはずです。

想いが冷めたのに付き合っているとしたら、それは相手に対しても失礼なこと。今後どうしたいのか、本心を隠さずに伝えてみましょう。それが第一歩です。

なかには、恋人に弱みを握られていて別れられないという腐れ縁もあるかもしれません。あられもない姿を撮られてしまったとか、お金を借りているなど、いろんなパターンがありますが、そういう人は、軽率な言動と決別しなくてはいけません。恋愛中に気持ちが盛り上がって後先を考えずに行動した自分、無計画だった自分と決別するべきです。恋人だからと甘えすぎたり、なれあいでお金を借りた自分が悪い。愛を育てるよりも、いっときの快楽や刺激に流された自分が招いたことなのです。

どうしてもキッパリと別れられない場合は、電話番号を変えるなどして、行動で示すこと。軽率な行動から自らを護る術となって、同じあやまちを繰り返すことはなくなるはずです。自分の未熟さを理解したうえで別れるなら、それは「卒業」。次の恋での軽はずみな言動に対するいましめになるでしょう。

恋愛での護身

27

DVや酒乱癖のある人

護身法

悪癖は繰り返す。本人に「変えよう」という強い自覚がないなら、情と妄想に決別を

付き合っている人について周りから悪い評判を聞いた場合、評判は軽視しないほうがベターです。「火のないところに煙は立たない」ということを肝に銘じましょう。恋に夢中になるあまり、相手の欠点に目をつぶって大事なところを見過ごしているかもしれません。評判を冷静に分析し、「あの人は、そんな人じゃないはず」という、あなたの妄想と決別しましょう。真実の姿を知ることが必要なのです。

特に、結婚を考えている人は、よりシビアに相手について見極めなくてはいけません。悪い噂もいろいろで、たとえば、「あの人、再婚みたいよ」というくらいならまだしも、もし、「奥さんに暴力をふるって離婚した」と聞いた場合は、再発する可能性が高いので、交際を続けるかどうか考え直す必要もあります。ほか

にも、お金にだらしがないなどという評判が立ったときにも、同じように、情ではなく理性で相手を見てください。

「普段はいい人なのに、お酒を飲むとガラッと態度が変わる」という場合も要注意です。普段はとてもやさしいだけに別れを決断できないでいる、という相談もたくさん受けてきました。この場合、見極めるポイントは、本人の意思。自分でもお酒を飲んだら態度が豹変することを自覚していて、「このままではいけない」と、前向きに改善を考えているのなら、まだ見込みはあります。口先だけで終わらず、実際に飲む量を控えるなど、努力しているなら、もう少し様子を見てもいいでしょう。

そういうふうに具体策を講じず、言い訳ばかりしているなら、「ダメなものはダメ」とキッパリ決別する

ことが何よりの護身になります。いつまでも情で付き合いを続けていても、悪癖がある日突然消えてなくなるというようなことはまずありません。

なかには、生前お酒好きで身を滅ぼした未浄化な霊が憑依して、まるで二人羽織のようになってお酒を飲んでいることも…。特に、自分が乱れたことをまったく覚えていないとか、目つきが違うという場合は要注意です。お酒などの嗜好品には、そのくらい強い執着が表れやすいケースもあります。執着を絶つためによほどの覚悟で臨まないと、浄化が遅れてしまうこともあるのです。

酒乱に限らず、あらゆる憑依に言えることですが、憑く霊ばかりが悪いのではなく、憑かれるほうの波長にも問題があります。未浄化な霊と引き合う低い波長でなければ憑依はされません。つまり、自分自身が変わらないとダメなのです。

本人に改善しようという強い意思があるなら、あなたも共に見守って、サポートしてあげましょう。カウンセラーなどの専門家のもとで断酒をするという方法もあるでしょうし、お酒を飲んで乱れているときの様子を動画で撮影をし、後で見せるというのもひとつの方法。しらふのときに、自分が酔ったときの様子を見ることで、己の姿を客観的に確かめられれば、改善に向けて前進することもあるでしょう。

相手が「問題を解決したい」と自覚できるかどうか、そこから見ていきましょう。

恋愛での護身

28

セックスの悩み

護身法

パートナーとのコミュニケーション不足と決別し、思いやりのあるセックスを

夫婦や恋人との間でのセックスに関わる悩みは、多種多様です。パートナーの欲求が強くそれに応えるのがつらいという人もいれば、反対に相手が淡泊なことに不満を感じている人もいます。過去には、特殊な性癖に付き合うことに苦痛を覚えている人からの相談を受けたこともありました。

セックスについての悩みは他人とあまりオープンに話す機会がないためか、「自分は周りの人たちと違っておかしいのでは…」と思い詰める場合も多いようです。

こうしたセックスの悩みを解消するためには、コミュニケーション不足との決別を。スピリチュアルにみれば、セックスはオーラの交換。精神的なコミュニケーションやお互いへの思いやりが欠かせません。普段

から相手を理解しようとする気持ちや会話がないのに、セックスだけしているとしたら、そのほうがおかしいでしょう。道理で考えればわかるはずです。

たとえば、パートナーの性欲が強すぎて付き合うのがつらいというとき。そもそも、性的に強いか弱いかに、個人差があるのは自然なこと。性欲の強さというのは、いってみればエンジンの大きさの違いのようなもの。運転手である本人が自らその車を選んで運転していることに意味があります。カリキュラムとして学ぶべきことだからこそ、その肉体の個性を選んで生まれてきているのです。相手が異常なわけでも、自分が悪いわけでもないのですから、「違っていて当たり前」と理解することが、コミュニケーションの第一歩です。

そのうえで、パートナーに自分の気持ちをきちんと伝えてください。相手は、愛されていないからセックスを断られるのだと思い込んでいたり、浮気を疑っていることもあるかもしれません。あなたにそういう他意がないなら、毅然と否定しましょう。そのうえで、相手の気持ちも理解し、付き合える範囲で応じていけばいいのです。譲り合いの気持ちがあれば、受け止めることは不可能ではないはずです。

セックスレスに悩む場合。このケースもいろいろで、たとえば体に触れられるのが苦手という人もいるでしょう。何かのトラウマが背景にあって受け入れることができないのなら、まず原因を探ってみてください。自分自身との対話が必要です。

そして、自分が性的に淡泊な場合、相手が強く求めてきた際、むげには断らないこと。相手は、愛情表現としてあなたとの肉体的な寄り添いを求めているのですから、何度かに一度は受け入れるなどの工夫をしてみましょう。相手とこれからも共に生きていきたいという思いがあるのなら、「郷に入れば郷にしたがえ」で、相手のことを理解する姿勢が必要です。

決別しなくてはいけないのは、自分自身のウェットな感情。セックスを受け入れられない自分が悪いのでは？　と自らを責めたり、逆に相手を責める感情を手放しましょう。恋愛初期で盛り上がっているときならばまだしも、付き合う時間が長くなればなるほど、しだいに恋愛感情は〝絆〟へと熟成されていきます。結婚して家族になるとセックスレスになるカップルが増えるのも、ある意味ではごく自然な流れ。お互いに不満がないなら、人と比べる必要もありません。価値観は人それぞれでいいのです。

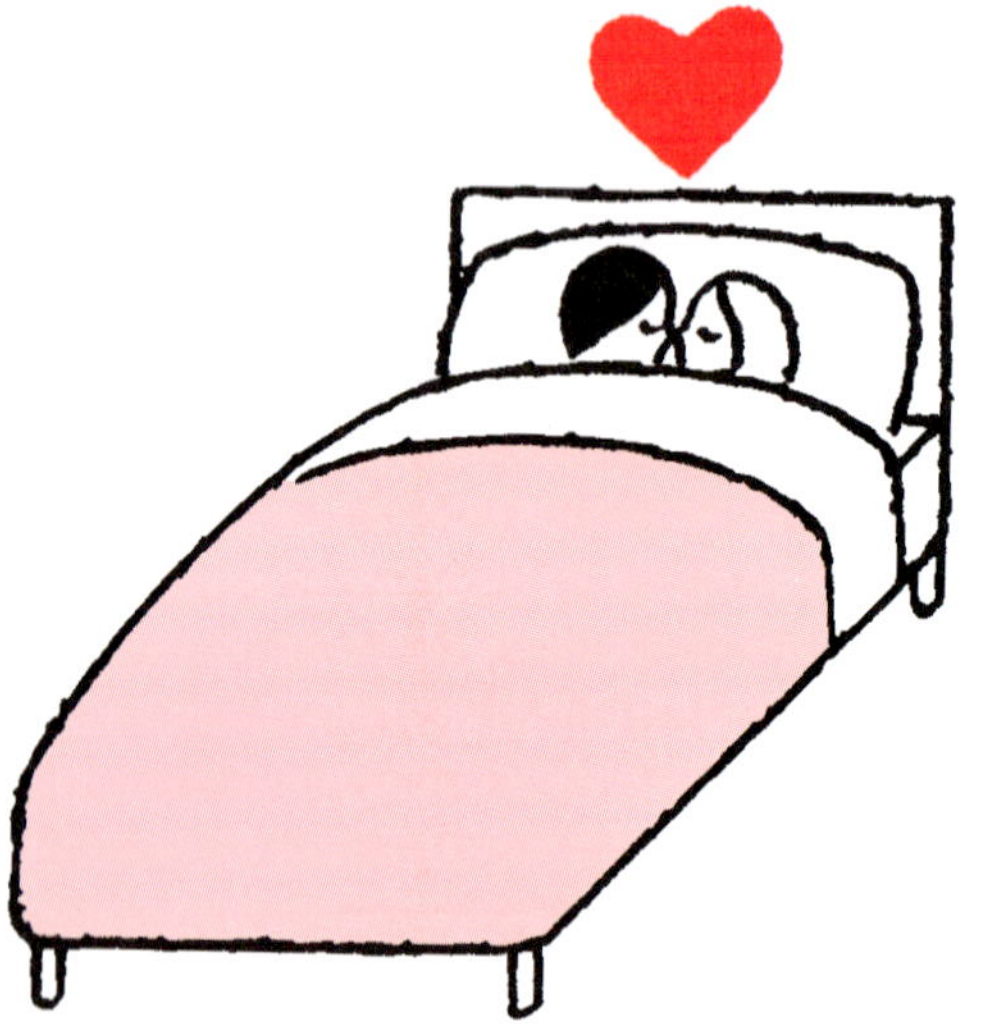

恋愛での護身

29

別れた相手と復縁したい気持ち

護身法

昔の思い出が輝いて見えるのは当たり前。ノスタルジーとの決別が、新しい恋のための護身法

過去の恋が忘れられず、未練が残る。なんとかして復縁したい。そう願う気持ちが湧き上がるのもわからなくはありません。とても好きだった相手ならなおのこと、「やり直したい」と思うのでしょう。けれども、過去は過去。「昔はよかった」というノスタルジーと決別することが、これからまた幸せな恋をするためにも必要です。

昔のほうがよく見えるのはある意味当然です。少しでも若いときのほうが感性も豊かで、ちょっとしたことでも新鮮に思えるからです。別れた時期が昔であるほど、「あの頃はよかった」と郷愁も感じるでしょう。手が触れただけでドキドキした…など、小さいことでも、とてもよい思い出に脚色しがち。しかし、さまざまな経験を経ると、物事を深くとらえる目が養われて

いきます。だから、あなたが元の恋人と再会しても「前とは違っているなあ」と思う可能性が高いのです。後ろばかり振り返り、前に進もうとしない。そのあなたの怠惰さと潔く決別することが必要です。

昔の恋は、前に住んでいた家と同じようなもの。引っ越したあとで前に住んでいた家を懐かしく思うことはあるでしょうが、住み慣れてくれば、新しい家のほうが居心地はよくなるものです。

なかには、別れた相手を忘れられないまま結婚する人もいます。熱烈に恋愛した人と結婚できなかったと悔やむ人もいますが、恋愛と結婚は別物。結婚は、夫婦ふたりで共同体になり、社会に立ち向かっていくこと。義理の家族も増えますし、子育てというカリキュラムで学ぶ人もいるでしょう。そうなれば夫婦という一対一の関係にとどまらず、広く社会ともかかわっていかなくてはいけません。恋愛で盛り上がった相手が、必ずしも結婚に向いているパートナーとは限りません。結婚は、忍耐の連続。試練を乗り越えながら絆を深めていくのが、夫婦という共同体なのです。

結婚に至らずに別れた場合、苦難をともに乗り越えられる相手ではなかったのかもしれません。結婚に至る縁の場合、守護霊同士が協議して「学びができる関係かどうか」をみています。

離婚する場合も、それを通して学ぶことがあるため、あえてその相手と夫婦になることもあります。

とはいえ、どの人と結婚するかを選ぶのは、守護霊ではなくあなた自身。元の恋人と別れたのもあなたの選択です。いつまでも悔やんで、過去に縛られていては、新しい出会いも訪れません。未練と決別して、前を向きましょう。

昔の恋人とやり直せるなら、なりふりかまわないと思う人もいるかもしれません。なかには、元恋人の今のパートナーに呪いをかけるといった「おまじない」にすがって、復縁を試みる人もいると聞きます。自分が幸せになるためには人を不幸にしてもおかまいなしというのは、まさしく小我。自分中心の言動は、結局己にカルマが跳ね返ってきます。

「昔の恋を忘れられない」のと、「昔の恋にすがる」のは、別物です。好きだった人を忘れられないのは、人の情として当然。それが「思い出」に昇華できていれば、問題はありません。一方、昔の恋をどうしても取り戻したいのは、相手のことが好きだからではなく、自分がかわいいから。実はあなた自身が孤独を恐れているから、過去を清算できないのです。ひとりになりたくない、寂しい、という思いはわからなくもありませんが、執着を手放さないと波長は下がる一方。確かに、新しい人と関係を築いていくのは根気がいります。過去の楽しかった思い出に浸るほうが楽だと思うのかもしれませんが、それは横着。新たに絆を築くことから逃げないようにしましょう。

恋愛での護身

30

浮気癖のある恋人

護身法

パートナーがいなくなる恐怖心と決別することが最優先

パートナーが浮気している。その事実に気づいたとき、どんな人でもショックを受けるでしょう。裏切られたことへの落胆、浮気相手に対する憎しみ、プライドを傷つけられた悔しさ。さまざまな感情が渦巻いて、混乱してしまうものです。

けれど、そこで感情をぐっと抑えて、自分自身を省みるために内観することが大切です。なぜなら、浮気されたことは相手だけの問題ではないからです。これから自分はどうしたいのか、心の整理をつけるのはあなた自身なのです。

浮気を知ったら、まずその事実を冷静に相手に告げましょう。そして、しばらくひとりで過ごすのです。冷却期間を置き、状況を客観的に分析してください。

浮気をする人は、基本的に「自分好き」です。浮気相手も好き、パートナーのことも好きと、両天秤にかけているようでいて、実際はどちらも好きではありません。

そんな「自分好き」のパートナーと出会ったのにも意味があり、あなた自身も同じような波長を持っている可能性もあります。最初から一方的に相手だけのせいにするのではなく、パートナーとコミュニケーション不足になって、相手に寂しい思いをさせていなかったかなど、ふたりの関係をじっくり見つめることが大事です。

浮気相手が誰なのかを突きとめ、復讐しようなどと心を曇らせる気持ちとは決別しましょう。憎しみが湧くうちは、まだパートナーへの愛情があるということ。その気持ちを認めて傷つきたくないために、浮気相手へ怒りの矛先を向ける人がいますが、それはお門違い。あくまでも、あなたとパートナーの問題だとわきまえておきましょう。〝浮気相手〟というわかりやすい敵をつくっておくほうが、気持ちが楽なのかもしれませんが、見つめるべきは、あなたとパートナーの心です。

浮気を何度も繰り返される場合は、そんなパートナーと本当にこれから先も付き合っていきたいのかを客観的に内観すること。浮気のたびに「もうしない」と謝られては許すということを繰り返しているなら、あなたも相手を甘やかしすぎです。

まずは、あなたの心のなかにある「恐れ」と決別しましょう。その人がいなくなったらどうしよう？　嫌われたらどうしよう？　と不安なのかもしれませんが、残念ながら、そこまで思っていても、相手はあなたをそれほど愛してはいません。あなたはもっと自分を大事にすることを心がけましょう。大切にされるべき存在なのですから、自分を安売りしてはいけません。

恋愛での護身

31

嫉妬と束縛

護身法

恋愛は、お互い自立した「個」であることが前提。相手に対する不信感と決別して

好きな人を想うあまり、相手の行動を監視して束縛する。そういう状況に陥っている人は、自分のなかにある相手への不信感と決別することが先決です。「浮気されるんじゃないか」とか「ほかにもっと好きな人ができて捨てられるのでは?」など、ネガティブな妄想を抱き、不安を打ち消したくて相手を束縛してしまうケースもあるでしょう。

しかし、そういうふうに恋人を束縛したほうが、心が離れていきやすくなります。恋愛は、お互いに精神的に自立した「個」であることが大前提。どちらかに依存する関係は、長くは続きません。どんなに好きでも相手の自由を奪うことはできませんし、ずっと自分のものであってほしいという望みは、小我です。

なかには、過去に恋人に浮気され、心のどこかで「ま

た浮気されるのでは？」と疑心暗鬼になって、あれこれと詮索してしまうというパターンもあるでしょう。携帯電話を盗み見たりして、浮気の証拠がないか探してしまう。こういう場合は、恋人ともっとコミュニケーションをとりましょう。いらぬ妄想で、勝手に自分を追い詰めて不安になっているだけかもしれないのです。

そもそも、相手を疑うというのは、本当には相手を愛していません。厳しい言い方かもしれませんが、自分が再び傷つきたくないという思いのほうが先に立っているということを自覚しましょう。自己中心的な考え方と決別しないと、いつまでたっても心の平安は訪れません。

また、パートナーの過去の恋人に嫉妬する人もいますが、過去の恋人と自分を比べるのは、無駄なこと。人と比べても、幸せが遠のくだけなのです。劣等感や優越感のどちらの感情も、決して人を美しくしません。どんな場合にでも言えることですが、被害妄想は時間の無駄使いです。

恋人がモテる人で、嫉妬してしまうという人もいますが、そんな魅力的な人があなたを選んでくれたのなら、そのことをもっと大事に受け止めて。自分を卑下してばかりいると、あなたのせっかくの魅力が半減してしまいます。猜疑心からは、幸せは生まれません。人を疑ったら相手からも疑われたり、信頼されなくなります。

自分が蒔いた種は自らに返ってくる。「カルマの法則」はどんなときにも働くことを忘れてはいけません。ネガティブな思考ではなく、ポジティブな言動を。よき種を蒔くよう考え方を切り替えましょう。

逆に、パートナーが嫉妬からあなたを束縛する場合は、とにもかくにも感情的になることとは決別を。淡々としたあなたの態度に、相手も目が覚めて冷静になれることがあります。

それでも、束縛や嫉妬心が強く、ストーカーじみた行動をとるようであれば、護身の奥の手があります。あまり教えたくはない方法ですが、正しく理解して使用してください。まず、相手の名前を書いた紙、もしくは写真を用意します。そして毎日、そこに相手がいるように「迷惑な行為はやめて」と説得してください。次にその紙ないし写真を座布団カバーの中に入れて、その上から座るという方法。とても簡単なことですが、「やめてほしい」という念をこめて行うことで、相手の念が弱まるのです。

恋人だけでなく、他人からのネガティブな念すべてに効果があります。ただし、相手への憎しみなど、ネガティブな思いがあるときには行わないこと。冷静に実行できるときにのみ、補助的に使いましょう。

恋愛での護身

32

秘密にしたい過去

護身法

打ち明けたいと思う自己満足な〝甘え〟と決別を。相手を思いやる「大我」を持ちましょう

恋人やパートナーに伝えるべきだと思いながら、悩んでいる秘密があるとしたら、よく考えてから行動してほしいと思います。

秘密があるのは後ろめたいでしょうし、嘘をついているようで罪悪感を覚えるかもしれません。だからといって、なんでも伝えたほうがいいとは限りません。相手のことを考えて、伝えないほうがいいこともあるのです。

それは、今相手が知ったところでどうにもならないようなこと。たとえば、過去に堕胎をしたことがある場合。伝えるべきかどうか悩む気持ちはよくわかります。でも、話すことで自分自身が楽になりたいという思いで打ち明けるのなら、それは小我です。

相手が知ったらどう感じるかを、逆の立場に立って

冷静に考えましょう。「自分がつらい思いをしたことをわかってほしい」というのは、あなた自身の甘えなのです。その甘えと決別しないことには、今のパートナーとも対等に向き合うことはできないでしょう。**相手のことを最優先に考えて、あえて言わないこと、自分の胸にぐっとこらえてしまっておくことが愛である場合もある**のです。

　また、同じような意味で、過去の恋人との話もわざわざ伝える必要はありません。話したほうは楽になるかもしれませんが、聞かされたほうはどう思うでしょうか。相手から尋ねられたとしても、何もかも話すことが最善とは限りません。

　なぜ相手が知りたいのかを冷静に考えて、もしあなたの態度がパートナーを不安にさせているからなのだとしたら、「過去は過去で、今はあなたが一番大事」だときちんと伝えましょう。愛を持って伝えれば、わかってくれるはずです。

　相手のことを思って打ち明けるといいながら、実は自分の罪悪感から逃れたくて伝える場合も多いのです。自分のための「小我」な告白か、相手を思っての「大我」な告白か。自分に問いかけてから、どこまでどういうふうに伝えるか、結論を出しましょう。

　もちろん、きちんと説明しておいたほうがいいということもあります。たとえば、結婚を控えているときに、自分にどのくらい借金があるかなどは伝えておくべきです。夫婦はいわば共同体ですから、実務的なことはつまびらかにしておいたほうが、ともに乗り越えていく覚悟を持てます。事前に伝えておけば、「それでもともに生きていきたいか」を見極めるリトマス試験紙にもなるでしょう。

他にも、後から明白になるとわかっていることならば、先にきちんと説明しておくという心配りも必要です。あなたに「隠そう」という意図がないにせよ、相手は「秘密にされた」と思ってしまうかもしれないからです。

決別すべきは、「自分さえよければいい」という小我な考え。自分視点ではなく、相手はどう思うかを第一に考えることがふたりにとっての護身法になるのです。自己満足のため、自己保身のために打ち明けることとは、相手にはなんのプラスにもなりません。

恋愛での護身

33

別れてくれない相手

護身法

中途半端なやさしさとは決別。相手のことを思えばこそ、冷静に話し合って

過去のカウンセリングでは、恋愛に関する相談をたくさん受けました。そのなかには、「相手が別れてくれない」という悩みを抱えた人も少なくありませんでした。

別れ話をしようとすると逆上されるとか、なかには自傷行為に走ってしまい、結局別れることができないというケースもあります。こういう場合、下手な同情はかえって相手に期待させてしまいます。逆上したり、自傷行為をするのは、あなたの関心を引きたい一心からの行為です。突き放すことはできないと思うかもしれませんが、大我の愛を持って、相手の目を覚まさせることが最後の愛情表現です。中途半端なやさしさとは決別しましょう。

ただ、ふたりきりで話していると煮詰まってしまい、

逃げ場がなくなることも。共通の友人や家族など、できれば第三者をまじえて話し合いましょう。感情的になって向き合うと、相手も同様に感情で返してきますから「あなたのことが大事だからこそ、わかってほしい」ということを、気持ちをこめて伝えましょう。相手はあなたと別れることが寂しくてしかたがないのです。その気持ちは否定せず、「気持ちはわかるけれど、別々の道を行くほうがお互いに幸せになれる」ということを伝えるのです。

今は別れを選んだとしても、それまで過ごした日々のなかには楽しいことも嬉しいこともいっぱいあったはず。その思い出までも汚してしまわないように、納得のうえでの別れができるようにしましょう。

恋人が同僚とか同じ学校の友達など、別れた後も顔を合わせる場合は、気まずさが残るかもしれません。どう接したらいいのか悩むかもしれませんが、ほかの人と同じように付き合っていけばいいのです。周囲の方が気を遣ってくるかもしれませんが、あなた自身は毅然としていましょう。時間の経過とともに以前と同じようになるでしょうし、もし仮に、別れた恋人があなたについての悪い評判を立てたりする場合は、相手だけではなく、そんな相手を引き寄せた自分にも責任があることを理解しましょう。

波長が合って惹かれ合わなければ、ふたりは出会ってはいません。あなたにもどこか似たような部分があったから、その人に恋をしたのです。その相手が鏡となって見せてくれている、自分のいたらなさや未熟さを反省して、次の恋やそのほかの人間関係にいかせるように心がけましょう。あなたが良い方向へ変わることは、別れた恋人へのエールにもなります。

恋愛での護身

34

セックス嫌悪と未経験

護身法

苦手意識があっても、臆病にならないで。不安や劣等感と決別し、愛される自分をもっと大事に

性に関する情報が身近に氾濫しています。知識として情報を得ることは簡単な一方で、現実では人と接することに臆病になっている人が大勢います。傷つくのが怖くて、関係を進めるのを躊躇してしまうのです。

しかし、セックスは好きな人との愛情を深める行為であり、相手を思いやろうとする気持ちがなによりも大事。つまり、コミュニケーション力を問われるものでもあります。過去の相談者のなかにも、好きな人に今さら未経験だなんて言えないとか、セックスが原因で嫌われてしまったらどうしようと悩んでいる人がいました。けれど、セックスという行為以前に、日常の会話やふれあい、コミュニケーションをとっていくことのほうが先ということを忘れてはいけません。

経験していないことだからといって劣等感や不安感

を持つのは、自分だけの小さな世界にこもったとらえ方です。仮に未経験だと伝えたことで相手の態度が変わるようであれば、その程度の人。波長の法則を理解し、今の自分が出会った人がそのような人だったことの意味を受け止めることのほうが大事なのです。

私たちは、愛を学ぶために生まれてきました。〝未熟〟で生まれてきたのですから、たとえ今経験が足りなくても、これから学ぶ機会はたくさんあります。セックスに限らず、人を愛することに臆病になる人ほど、実はより強く他者を愛することを望んでいるのです。そのことを自覚し、臆病さと決別することが、新しい一歩を踏み出すためにも必要です。

また、過去の経験がトラウマになり、セックスや異性について嫌悪感を抱いてしまう人もなかにはいるかもしれません。その場合は、焦る気持ちと決別し、少しずつ自分を癒していきましょう。あなたがこれから出会う愛は、やさしいもの、あたたかいもののはず。必要以上に恐れることはありません。より深い愛を知ろうと思っているあなたのたましいをもっと信頼してください。過去の経験に傷ついたとしても、たましいまでは汚されてはいないとしっかりと心に刻み、自分をもっと愛し、受け入れていきましょう。自己卑下する気持ちと決別してください。

オーラを交換するのは、なにもセックスという行為だけに限りません。会話すること、食事をすることなど、口という出入り口を通して、エナジーを交換することはできるのですから、距離を縮めたいと思う人とは、できるだけ一緒に食卓を囲みましょう。自分にできる範囲から、コミュニケーションを積み重ねていくことが大切です。

第5章

因縁や悪運からの護身

35

立て続けに人が死ぬ

護身法

悪しき因縁では？ と不安になる気持ちや動揺する心と決別することが護身に

親戚が亡くなって喪に服していたら、今度は親しい友達が亡くなってしまった。そういうふうに、人が立て続けに亡くなることは確かにあります。すると、たいていの人は、これからも何か悪いことが起きるのだろうか？ と不安になるかもしれません。けれど、気にしすぎることはありません。「何かにたたられているのではないか」とか「因縁なのでは」などと気に病む必要は一切ないのです。

そもそも、こういうことを気にする人は、「死」というものを忌み嫌う、ネガティブなものだと思っているのでしょう。しかし、スピリチュアルな見方をすれば、死によってなくなるのは、あくまでも肉体だけであって、たましいは永遠です。人生を全うし、たくさんの経験と感動を積んで、もともといたスピリチュアルな世界に里帰りすることは、ある意味ではまた新しい「生」の始まりとも言えます。たましいにとって、死は恐れるものでも不安になるものでもありません。その観点から言うと、立て続けに人が亡くなるというのは、たましいがふるさとに帰る時期が重なっているということにすぎません。不幸な出来事というわけではないのです。

確かに、実際にこのように人の死が重なることはよくあります。知人のホスピス医師は、「人が亡くなるときは、まるでバスが迎えに来ているのかと思えるほど、同時期に重なる」とおっしゃっていました。まさにその通りで、私自身も親しかった人や仕事でお付き合いのあった方が、同時期にたましいのふるさとに里帰りされた経験が何度もあります。

もし、同じようなことがあなたに続くのなら、因縁だとか考えて恐れるのではなく、「生きる意味をしっかりと考えなさい」という守護霊からのメッセージだと受け止めてください。命をおろそかにしていないか、日々を大切にして思いをこめて生きているか、わが身を振り返ってみましょう。死を近くで見ることが続くときは、あなた自身の人生を見つめ直す時期だとも言えるのです。怖がるのではなく、冷静に見つめることが欠かせません。動揺する心と決別することこそが護身となります。

スピリチュアルな真理を十分にたましいで理解していないと、私の言っていることは厳しい言葉に聞こえるかもしれません。けれども、究極のことを言えば、この世で死なない人は誰ひとりとしていません。死を考えることは、生きることを考えることにほかならないのですから、もっと真正面から受け止めていくことが大事なのです。

　また、結婚式などのお祝い事と人の死が重なることもよくあります。そこで、結婚式に出席してもいいのだろうか？　と迷う人がいるかもしれませんが、状況が許すのなら、結婚式に出席してもなんら問題はありません。

　人生の節目が重なることは珍しいことではなく、死を忌み嫌うものとはとらえないスピリチュアルな考え方からすれば、喪中に結婚式に出席しても不謹慎ではないのです。人生での切り替え時にあたっているだけのことだと考えればよいでしょう。

36 家の因縁

護身法

〝因縁〟と思えることは実は〝課題〟。ビクビクする心と決別して、ひとつずつクリア

「あなたの家の因縁によってあなたに不幸が起きている」。こうした言葉を安易に信じないことです。自称霊能者などは、お祓いや除霊という言葉を用いて人の不安感をあおり、「因縁を絶つにはいくら必要」などと言ってくるケースもあると聞きます。心が弱っているときは、藁《わら》にもすがる思いでそうした人のもとを訪れるのだと思いますが、どんなに苦難に思えることがあったとしても、意味のない出来事ではありません。自分の置かれている状況を理解し、それを受け入れることこそが、どんなお祓いよりも有効なのです。

因縁なのではないか？ と恐れるより、あなた自身がこれまでの行動を振り返り、これからは悪しき種蒔きをしないように、思い、言葉、行動のすべてにおいて、前向きな選択をしていくことを意識することが、

護身になります。ビクビクしている波長と決別してください。いつまでも恐れていたら、余計にネガティブな波長のものを引き寄せてしまいます。

確かに、家族のなかでいろいろな問題が一気に起きることはあります。かつての相談者のなかにも、親が余命いくばくもない病気になり、きょうだいも難病。自分も精神的に参ってしまい、うつ状態で失業危機にあって泣き暮らしているという悩みが寄せられたことがありました。

そんなふうに問題が次々に起こったときに、家の因縁だと言われると、すぐ信じてしまうかもしれません。家族は「学校」のようなものなのだとするならば、こういうふうに試練が重なる時期というのは、「期末試験」のようなもの。まとまって課題が出題されたとしても、ひとつずつ問題に答えていくよりほか解決策はないのです。

本当に大変なときは、涙も出ません。泣けるだけの精神的な余力がないからです。もし、あなたに今、泣くだけの力があるのなら、力を振り絞ってとにかく立ち上がることです。

「因縁では？」とか、「この不幸はいつまで続くのか」と気になる人は、次のように想像してみてください。

部屋のなかがゴミだらけで、とても散らかっています。あなたは「片づけるのも大変だ」と途方に暮れています。「どうやったら片づくのだろう？」とあれこれと悩んでいます。でも、そんなふうに悩んだところで、目の前のゴミが消えてなくなるでしょうか？　答えは、もう明白でしょう。自分が行動を起こさない限り、問題は勝手には解決しません。とにかくひとつずつでもゴミを捨てていくしかないのです。

家族についての問題も同じです。まず、家族のなかで最も〝体力〟のある人が率先して行動を起こしましょう。ここでいう体力とは心と体、両方の力。一番余裕のある人が先に立ち上がって、現実的な対応策を考えるのです。感情が先走ってネガティブなことばかり考えていたら、いつまでもその暗がりから抜け出すことができません。必要に応じてケースワーカーや行政機関に相談するなど、実務的に対処することも必要です。

因縁を恐れる気持ちをどうしてもぬぐい去れないなら、逆転の発想で、「どんな家にも大なり小なり因縁はある」と考えてみましょう。因縁に思えることはみな、言い換えればその家の「課題」。乗り越えるために出題されたのですから、不吉だとか、厄介なことだと恐れないことが、一番の護身なのです。

37

お金がない

護身法

贅沢を望んでいるだけではないのか？冷静に見極め、甘えとは決別を

働いても支出が多く、手元にお金が残らないとか、家のローンを抱えているなど、「お金」にまつわる悩みを持っている人はたくさんいます。けれど、この現世ではそれも当たり前のこと。あの世に帰ればお金は一切いりませんし、お金のことであれこれと悩むのは、現世で生きている間だけのことなのです。この世は、たましいを鍛えるトレーニングジムのようなものですが、お金というのも、トレーニングマシーンのひとつにすぎません。

もちろん、一生懸命働いているのに金銭的に恵まれないと、「この先どうなるのか」と不安になるかもしれません。少しでも金銭的な余裕を持って生活したいという願いが、あなたにとって優先順位が高いことなら、転職を視野に入れて考えてみてもいいでしょう。

今いる職場でできうる限り最善を尽くしたうえでのことならば、それは「逃げ」ではなく、「卒業」の転職になるでしょう。
「お金がない」と悩んでいる人は、どれほど実際に生活がひっ迫しているのかを客観的に分析することがまず必要です。実は〝見えない贅沢〟をしているのかもしれません。「ない、ない」と言いながら、冷蔵庫を開けてみれば、賞味期限が切れたことにも気づかないものがそのままになっていたり、似たような洋服ばかり買って、まだ一度も袖を通していないものがあるということはないでしょうか？
お金がないという不満は、「贅沢できない」とか「好きなものを自由に買えない」という意味で言っているのか。それとも、最低限の生活を営むにも苦労するほど大変な状況なのかをきちんと分析しておく必要があると思います。

こんなふうに言うと、清貧であるのが一番と思うかもしれませんが、それもまた違います。お酒と一緒で、「飲んでも呑まれるな」の発想でお金を使うことが大事。自分に必要な分だけしか働かないと思うのではなく、たくさん働いてお金を多く得たなら、余剰分を今困っている人たちに使ってもらうなど、助け合う心を持てるようにしていきましょう。

結局のところ、**「お金がない」とあたふたするのは、自分のことを中心に考える小我**です。自分さえよければいいという甘い考えと決別し、大我の視点に立つことを心がけましょう。

そして、棚ボタのお金を得ることは期待しないこと。努力しないで得たお金はあぶく銭で、身にはなりません。楽をして手に入れたお金は、周りがそれをあてにしようとしたり、たかったりするなど、場合によってはそれがもとでトラブルを誘発することもありえます。汗水流して得たお金ではないなら、ためこまずに誰かのために使う。実はそういうふうにしてお金の持つエナジーを循環させるほうが、よい結果へとつながっていくものなのです。

38 占い＆パワースポット依存

護身法

安直にご利益を求めているうちは真の幸せは得られない

最近、パワースポットブームと言われ、国内だけではなく世界中のパワースポットに足を運ぶ人が増えています。けれども、安易にパワースポットに頼ったところで、自分自身が努力をしていなければ、運気が上がるとかご利益があるということはありません。神社などのサンクチュアリは、これまでの努力を報告に行き、そこで改めて誓いを立てる場所なのです。ちなみに厳密に言えば、こうした〝祈り〟が宿る場所は、「スピリチュアルスポット」というべきところです。

ご利益を得たいと思って安易にすがる、その「依存心」と決別しないことには、本当の幸せをつかむことはできません。清らかなエナジーに触れる聖地としてではなく、単なる〝観光名所〟としてとらえている人があまりにも多く、私はこれまでもそのことに何度も苦言を呈してきました。

　どことは申しませんが、物質的価値観丸出しの宣伝をするようなスポットもありますし、実のところ玉石混淆なのです。

　ネガティブな気に満ちたところか、よい気に満ちたところかを判断するポイントは、そこに集ってくる人たちを見ること。神社であれば宮司さん、氏子さんを見ればわかります。「波長の法則」で、よい神社には人格的に素晴らしい人たちが集まってくるのです。そして、あなた自身も、そうしたよい聖地に出かけるにふさわしい、高い波長であるかどうかを常に見つめることが大切です。

　過去の事例ですが、旅行のついでにお参りに行ったあと、占い師に「お祓いしないと人が死ぬ」と言われ、その後本当に親しい人が亡くなられて、怖くなって相談にきた方がいました。霊視してみたところ、その方が神社と思って訪れたところは勝手に祠をまつったようなところでした。ただ、そこで霊に憑依されたということではなく、身近な人が亡くなったのは寿命だったからです。けれども、「何か悪いものに憑りつかれたのでは？」という不安や波長を持っていたがために、ネガティブなことを言う占い師の人を引き寄せてしまったのでしょう。

　楽して幸せになろう、ご利益を得ようという怠惰な気持ちでお参りした場合は、そのあと、あなたに理不尽な出来事が起こっても文句を言えません。なぜなら依存心丸出しのカルマが自分に返ってきただけだからです。

　もし、過去に「あやしいかも？」と感じるところにお参りしてしまっているのなら、あなた自身の守護霊に「もう二度と安易な気持ちでお参りはしません」と誓いを立てましょう。そして、正しい参拝法や聖地との向き合い方をきちんと理解しましょう。それこそが、不安との決別になります。

世の中の情勢が不安定になると、こうしたパワースポットや占いにはまる人が増えるのは今に始まったことではありません。不安な気持ちを払しょくし、未来を知りたいと思う気持ちもわかりますが、今起きていることはすべて、過去の思い、言葉、行動のカルマが返ってきたもの。誰かや何かが悪いためではなく、蒔いた種の集積なのだということを心にとどめておきましょう。

周囲に依存せず、自らを律する「自律心」を身につけること。それは、間違った霊能者にだまされないためにも必要なことなのです。

39 不吉な物(いわくのあるもの)

護身法

封印したり、お焚き上げに出すのも一案。心配しすぎる念と決別することが最大の護身

古い人形やアンティークなどには、前の持ち主の念が残っていることがあります。そうしたものをもらって、「このまま持っていていいのか」とか「処分するならどうしたらいいか」と質問を受けることがあります。まず、持っていていいかどうかは、その人の自由です。いわくがありそうで持っているのが怖いと不安に思うのであれば、手放すことを考えたほうがいいでしょうし、気にならないのであれば、簡単なお祓いをして持っていてもいいでしょう。

お祓いの方法として、ひとつには、そのモノ自体を封印する手があります。

★ 一つまみの粗塩（精製した塩ではなく、天然の海塩）を浄化したいものに3回ふりかけます。そのとき

に「祓《はら》いたまえ、浄《きよ》めたまえ」と唱えます。

★半紙などの白い紙でくるんで封印します。（御神刀守を上に置いてもOK）

★気持ちが落ち着くまで封印しておくといいでしょう。

また、パワーストーンや宝石の場合は、きれいな水に粗塩を一つまみ入れて、一晩おいておくといいでしょう（塩水でさびる石もあるので、様子を見ながら行いましょう）。

このような方法で浄化し、前の持ち主の念やネガティブな念を祓えば、そのまま持ち続けていても大丈夫です。

もし、持っていること自体が不安という場合は、小さいものなら、庭などがあれば、土の中に埋めてもいいでしょう。お札や人形の場合は、神社でお焚き上げしてもらうのもひとつの方法です。いずれにしても、不安に思うくらいならば手放したほうがいいのですが、気にしすぎる念と決別することも大事。心配する気持ちが余計に波長を下げてしまい、ネガティブな影響をもたらしてしまう可能性もあるからです。

また、形見分けの品は、もし、分けてもらう段階で「自分には荷が重いな」と思うならば、気持ちだけを受け取り、品物を受け取ることは辞退してもいいでしょう。

すでにいただいたもので、持っていて気持ちが落ち着かないことがあるならば、最初に紹介した封印方法を試してみましょう。浄化がすめば、持っていても不安がなくなります。

浄化するときも、不吉な物を排除するという気持ちではなく、「分けていただいてありがとうございます」

という感謝の気持ちを伝えながら行ってください。

一番大事なのは、気にしすぎないこと。自ら波長を下げることと決別して、何事にも動じないでいられるようになれば、護身できます。

因縁や悪運からの護身

40

決別のおまじない

護身法

おまじないで問題は解決しない。“奇跡を求める心”と決別しましょう

「何かと決別するためのおまじないはありませんか？」と聞かれることがありますが、根本的に「このおまじないを試せば、たちどころに決別することができます」というようなものはありません。まずそういうふうに奇跡を期待する心と決別しないといけません。安直に何かを頼りにして決別しようとするのは、依存です。もし、仮におまじないがあって、それを試してみたとしても、状況が変わらなかったら、また不平不満を言うのではありませんか？　そうした他力本願では、いつまでたっても、状況は改善しないでしょう。

決別したいと思うほどの問題が目の前にあることは、試練ではなく「幸い」です。乗り越えることができる問題以外は、あなたのもとにやってくることはないからです。そして、克服した先には、たましいが磨かれ、

波長も高まり、あなたは一段も二段も成長できるでしょう。

おまじないに限らず、パワーストーンなども、すべてはサプリメント。補助的な役割をすることはあるかもしれませんが、根本的な解決にはなりません。もし、パワーストーンをつけているだけで幸せになれるとか、おまじないを唱えるだけで嫌な人が近寄ってこないというのなら、天然石でできた家にでも住み、年がら年中おまじないの呪文でも唱えていればいいではありませんか。でも、そんな楽な手段はありません。それにそれほど奇抜なことをしてまで、護身したいのでしょうか?

繰り返しますが、苦手な人やものとの関係をバッサリと切ってしまうのは、問題からただ逃げているだけ。問題点を見つめ、「もう一度やり直せないか」も含め

て可能性を探ったうえで、判断しましょう。すべてを切り捨ててしまうのではなく、一度リセットして軌道修正するという選択もあります。**やり直すということも「過去との決別」**であり、それが自らを護身することになる場合があるのです。

苦しいときに神頼みをしたくなったり、奇跡を求める気持ちになるのはごく自然のことだとは思いますが、自分を幸せにし、輝ける未来をつくれるかどうかは、最終的にはあなた自身の手にかかっています。卒業という形で決別するのか、今の関係を見直してリセットし、再出発をはかるのか。道は、ふたつにひとつです。

おまじないに頼りたいという人は、自分では努力せず、たちどころに問題が解決するような絶大な力をあてにしたいという気持ちが強いのかもしれません。けれど、そんな「魔法」はこの世にはありません。

おまじないの呪文などではなく、あなた自身の言葉でしっかりと誓ってください。口に出して言ってもいいですし、心の中で自らに語りかけても構いません。どういうふうに人生を生きたいか、そのためにはどんな縁を結びたいか、整理したいのか。その誓いは、おまじない以上に強力な念となります。

不都合なことから逃げるためではなく、真正面から向き合い、行動に移しましょう。未来はまだ、決まっていません。あなたの心がけと行動しだいで、いかようにも変えられるのです。

因縁や悪運からの護身

41

地震などの天変地異

護身法

やみくもに怖がるのは心の乱れ。普段から「感情」に振り回されず、「理性」で身を護る

東日本大震災以降、地震をはじめとする天変地異に対して怖れをいだく人が増えているようです。

確かに、日頃から何か起こった場合をシミュレーションしておくことはもはや常識といえるでしょう。「備えあれば憂いなし」というように、水や食べ物などを準備しておいたり、家族内で緊急時の連絡法をあらかじめ決めておくなどして、万が一の場合の具体的な策を講じておくことは大事です。

ただ、なかには過剰に心配するばかりで、対策も考えず備えもしていない人も少なくありません。やみくもに怖がっているだけでは何の意味もないのです。漠然とした恐怖感に襲われるのは、心が乱れているから。普段から「ふりたま」や「卵オーラ法」で精神統一をしましょう。

「ふりたま」は雑念やネガティブな思いを浄化するのに有効です。正座もしくは安座し、肩の力を抜いて、おにぎりを握るように両手を重ね合わせます。両手の中に自分のたましいがあることをイメージし、おへその前で、玉を振るように動かします。「私のたましいをきれいに浄めてください」と念じながら行いましょう。

「卵オーラ法」は、続けることでオーラが徐々に強くなり、身を護ってくれるようになります。両足を肩幅に開いて立つか椅子にゆったり座り、気持ちを落ち着かせ、自分の周りに卵の殻のようなオーラがしっかりと固まっているイメージを。鼻から大きく息を吸って、口からゆっくりと吐く動作を3回行います。1回目は自分の前後、2回目は左右、3回目は全体といったふうに。丹田（おへその下あたり）に意識を向け、オーラが自分をしっかり護ってくれると強く念じながら、最後に丹田に両手を当てます。

　この2つの精神統一法を習慣づけることで、心の乱れはかなり軽減されるはずです。

　また、「怖い」という「感情」に振り回されず、普段から「理性」を持って行動するよう心がけましょう。

　何か起こったときに必要なのは、冷静な判断力です。自分がどう動くべきかを瞬時に考え、正しい行動をとらなくてはなりません。でも、あたふたすることが多く、パニックを起こしやすい人は、たとえ知識があってもいざというとき動揺が先に立ってしまいます。

まずは、感情に流されやすい自分と決別しましょう。そのためには、日々の生活を少しずつ変えることから始めるのです。常に、今のあなたにとっての〝真《しん》・副《そえ》・控《ひかえ》〟を考えて行動するようにしてください。真・副・控とは、華道の草月流で調和のとれた基本の生け方を指します。主軸となる真、引き立てるための副、全体を統一するのが控です。

これと同じで、人生においても自分の置かれている状況を俯瞰して、何をするべきかという真を決めることが大切です。そうすると、副と控もおのずとわかるはずです。こうした考え方を身につけると、非常時だけでなく、たとえルーティンワークであっても、ずいぶん取り組み方が変わってきます。

手際よく料理を作ることもそのひとつ。たとえば、ラーメンの作り方にだって、その人の思考と行動のパターンが表れます。麺をゆでながら野菜を切り始めたのでは間に合いません。

危機に際して手際よく動くためには、料理なども含めた日常のことが一番の訓練なのです。常日頃から、何事にも冷静な判断力を持って臨みましょう。

天変地異を怖れる人がいる一方で、「どうでもいいや」と思っている人もいるかもしれません。そうした人は半ば投げやりで破壊的な思考になってしまっているのではないでしょうか。

世の中で現実に起こっていることはみな、私たち全員の心の映し出しです。その破壊的な心が「波長の法則」によって現実をつくり、さまざまな現象となっていることを忘れてはいけません。

怖がるのも投げやりになるのも、感情です。自分の感情ではなく理性で身を護ることが大切なのです。

因縁や悪運からの護身

42

さまざまな犯罪

護身法

依存心と隙が犯罪を呼び込む。自分を客観的に見る視野の広さで身を護る

ニュースを見れば、毎日どこかで詐欺や窃盗、人間関係のいざこざによる事件など、さまざまな犯罪が起こっています。たとえば自分が何かの詐欺に遭った場合、不運だったと思うか、思いもよらない災難が降りかかったと感じる人がほとんどではないでしょうか。

もちろんだました相手も悪いのですが、そのような人を引き寄せたのは自分に隙があったからです。「波長の法則」によって出会ったのです。

隙はちょっとした態度にもにじみ出ます。友達と一緒に海外旅行をしたとき、そのうちの誰かがスリに遭ってしまったという経験をしたとしましょう。では、なぜその人が狙われたのかを考えてみると、やはりターゲットになりやすい何かがあるとわかるでしょう。それが隙なのです。

波長の法則には「表映し出し」と「裏映し出し」があります。表映し出しは、自分と同じような行いが相手にも表れること。反対の行いとなって表れるのが、裏映し出しです。

隙につけ込まれて詐欺に遭った場合は、裏映し出し。あなたの弱い部分が、相手にとって攻めるポイントとなり、行動に表れているということです。

詐欺に遭いやすい典型的なタイプなのが、「私って嫌と言えないんだよね」と言う人。その理由は、「相手を悲しませたくない」のではなく、依存心ゆえ。「誰か他の人に嫌と言ってほしい」だけなのです。その結果、依存する裏映し出しとして、依存心を利用されるのです。自らの身を護るためには、隙と依存心をなくすことです。

では、表映し出しの場合はどうでしょうか。わかりやすく言うと、人のものを奪っても平気な人がいたら、同じようなことが自分の身にも起こります。人の恋人を奪ったりすると、同じように誰かに何かを盗まれたりするのです。それでも自分のことを棚に上げて「人のものを盗むなんて最低！」と言ったりするのは、視野が狭い証拠です。

ちょっとしたトラブルも同様です。たとえば「電車の中でよく酔っぱらいに絡まれて困っている」という人なら、実際、その人自身がとても愚痴っぽいタイプで、つまり「表映し出し」として絡まれていることもあるのです。

人は自分のことをわかっているようで、実は意外と自覚していないもの。**自分を知るためには、他人の言葉に耳を傾けることが大事**です。重大な犯罪に巻き込まれないためにも、広い視野を持ちましょう。

因縁や悪運からの護身

43

先が読めない将来への不安

護身法

行動に移すことで、心配を希望に変える。念力を強く持って努力を続ければ、不安と決別できる

将来について「一生ひとりだったらどうしよう」「老後のお金が不安」などと心配になることがあるかもしれません。心配するのは、言い換えれば想像力があるから。その想像力をプラスに転じれば、悪い事態を招かないように行動するための大事なヒントになります。

自分が心配性なのをネガティブなことだと思っている人がいますが、それは悩むだけで何ひとつ行動に移していないから。一言でいうと、怠惰なのです。決別すべきなのは、心配性ではなく怠惰な心です。

ひとりがイヤで恋人が欲しいなら、どんどん外に出かけたり、趣味を広げるなどして行動パターンを変えるべき。そうすれば、必ず新しい出会いがあります。

老後のお金が心配なら、頑張って働いて貯金すればいいのです。老後にどのくらいお金が必要かを調べて、

プランニングしておきましょう。
このように、不安を打ち消すためのアクションを起こせば、心配をプラスに転化することはできますし、むしろ将来への希望にもつながります。

反対に、心配がマイナスに作用するのが、漠然と被害妄想に陥っているだけの状態。それはまるで「このまま真っすぐ歩いていって、あの川に落ちたら怖い」と言いながら、そこに向かって進んでいるようなもの。最初から違う道を選ぶことすら考えていないのです。

人はよく「安定した人生を送りたい」と言いますが、絶対的な安定はありません。他人がとても幸せそうに思えても、そう見えるだけかもしれませんし、明日どうなるかなんて誰にもわからないのです。

人生での棚ボタを期待する人がいますが、それは依存心。もし棚ボタがあるとしたら、努力を積み上げた結果として、その分のポイントが戻ってくると思ったほうがいいのです。努力という貯金の利子だと考えてください。自らが過去に積んだことがよきカルマとなって返ってくるパターンです。

「こうありたい」という将来のスタイルがあるならば、強く念じること。念力が力強い味方となって、あなたを後押ししてくれるでしょう。

「御神刀守」の使い方

古来より、刀には邪気を追い払う力があり、神霊が宿るとされ、あがめられてきました。写真の刀は、私が所有している御神刀です。写真から御神刀のパワーを存分に受け取ってください。

家や会社のデスクの上に飾っておけば、嫌な
人間関係から身を護るサポートになります。

財布や手帳などに入れてお守りとして持ち歩く
ことで、御神刀のエナジーが日々の厄よけに。

江原啓之　えはら・ひろゆき

スピリチュアリスト。オペラ歌手。一般財団法人日本スピリチュアリズム協会代表理事。吉備国際大学、九州保健福祉大学客員教授。二期会会員。現在は雑誌連載、講演、ラジオ『Dr.Recella presents 江原啓之おと語り』（TOKYO FM）など、各方面で活躍中。また、東日本大震災復興支援チャリティーアルバム『おと語り』『うた語り』（ともにSpiritual Record）をリリースしている。主な著書に、『スピリチュアル・サンクチュアリシリーズ 江原啓之神紀行1〜6』、林真理子氏との対談本『超恋愛』（ともにマガジンハウス）、『予言』（講談社）、『すべての災厄をはねのける　スピリチュアル・パワーブック』（中央公論新社）などがある。

公式HP
http://www.ehara-hiroyuki.com/
携帯サイト
http://ehara.tv/
携帯文庫
http://eharabook.com/

現在、個人カウンセリングおよびお手紙やお電話でのご相談は受け付けておりません。
本書は、書き下ろし作品です。

スピリチュアル
護身ブック

2012年6月28日　第一刷発行

著者　江原啓之

発行者　石﨑 孟
発行所　（株）マガジンハウス
〒104-8003
東京都中央区銀座3-13-10
受注センター　☎049-275-1811
書籍編集部　☎03-3545-7030
印刷／製本　凸版印刷株式会社
装丁　岡 睦（mocha design）
イラスト　添田あき（表紙）

ISBN978-4-8387-2432-1 C0039